KB120052

100일이면 나도 **영어천재** ②

100일이면 나도 영어천재 ❷

초 판 1쇄 2019년 02월 27일
초 판 4쇄 2023년 01월 09일

지은이 이정은
펴낸이 류종렬

펴낸곳 미다스북스
총괄실장 명상완
책임편집 이다경
책임진행 김가영, 신은서, 임종익, 박유진

등록 2001년 3월 21일 제2001-000040호
주소 서울시 마포구 양화로 133 서교타워 711호
전화 02) 322-7802~3
팩스 02) 6007-1845
블로그 http://blog.naver.com/midasbooks
전자주소 midasbooks@hanmail.net
페이스북 https://www.facebook.com/midasbooks425
인스타그램 https://www.instagram.com/midasbooks

ISBN 978-89-6637-645-2 14740
ISBN 978-89-6637-644-5 14740(세트)

값 15,000원

미다스북스는 다음세대에게 필요한 지혜와 교양을 생각합니다.

100일이면 나도

영어천재

2 영알못, 영어가 귀에 꽂히는 5주의 기적편!

이정은 지음

미다스북스

■ 갓주아라고 해서 너무 오버하시는 것 아닌가 했는데, 강의 몇 개 들어보니 제 입에서 'Oh, my God!' 하는 감탄사가 절로 나오네요! 선생님만 따라 할 테니 강의 계속 띄워주세요. – Sim******

■ 2년 동안 여기저기 돌아다니면서 공부했는데 갓주아 님 덕에 이제 방황 끝났네요. 유튜브 최고 영어 강의입니다. 너무 너무 너무 잘 만드셨네요. Good!!! – 박**

■ 리듬이 너무 재미있어요. 드르다 드르르다 다드르다! 중고등학교에서 영어 배울 때 문법, 독해 대신에 이렇게 리듬 배우고, 의미단위 블록을 쌓아가는 연습을 했더라면, 지금 유창하게 영어를 말할 텐데 하는 아쉬움이 남네요. 갓주아 강사님은 영어 소리의 특징을 잘 포착해서 알려주시고, 특히 멀티를 참 잘해주시는 것 같아요. 동시에 리듬, 강세, 알파벳 발음도 알려주시니까요. – 양**

■ 저희 가족의 아침은 선생님 유튜브 강의로 시작합니다. 사실 아직은 너무 모르지만 그냥 재미있는 것 같아요. 선생님 강의 지겹지 않고 훅훅 끌려요! – 빠***

■ 벌써 66일이네요. 예전에는 1년 전 것이랑 비교를 했을 때 차이가 났었는데, 지금은 day 23부터 지금까지 비교해보니 1년 전보다 더욱 발음 실력이 늘은 것 같습니다. – T_*********

■ 오! 재미있어요. 정말 도움이 되고 있고요. 다른 문장을 읽을 때도 갓주아쌤이 가르쳐준 대로 읽게 된답니다. 몸짓도 함께요. 아! 그리고 팝송 따라 부르기가 훨씬 쉬워졌어요. 모두 소리튜닝 덕분이에요. 지난간 영상도 반복해서 보니까 처음 들었을 때 놓쳤던 부분이 다시 새롭게 다가와 좋네요. 감사합니다. 아주 많이요. – pur*****

■ 좋은 영상 감사합니다. 이 강의 보기 전까진 무작정 따라 하기만 했는데 강의 보고 나니까 뭔가 따라 하는 게 더 수월해진 느낌이에요 감사합니다. – ㅇ*

■ 너무나 좋은 강의 감사드려요! 어제 딸아이한테 소리튜닝 프로젝트 함께하자고 소개했더니 이런 좋은 강의 소개해줘서 너무 고맙다고 안아주던 걸요! 좋은 강의 정말 감사드립니다! – 조**

■ 신기하네…. 수업 전에는 잘 안 들리고 수업 후엔 다 들리고…. 100일까지 go go!! – yeo*********

■ 1강부터 다시 계속 보면서 공부하고 있습니다. 선생님 덕분에 영어 소리가 좋아지니까 덩달아 한국어 발음도 좋아지고 발성이 되어서 목소리가 더 안정감 있게 변했습니다. 목소리가 커지니까 덕분에 고민했던 자신감도 조금 자랐네요. 고맙습니다. – 윤***

■ 정말 흥미롭네요. 매 강의마다 정확한 발음과 함께 연습하며 공부하는 게 좋아요. 하루하루 뭔지 모르지만 조금씩 차곡차곡 쌓여간다는 느낌. 처음 봤을 땐 뭐지 싶었는데, 신기하게도 강의를 보며 따라 하고, 끝에 가서 들으면 이해가 되니 말입니다. 오늘도 수고하셨습니다. – 잼*

■ 우연히 들었는데, 지금까지 모든 영어 강의 중에 최고입니다! 너무 쉬워서 정말 놀랐습니다. – 권*

■ 제가 포기하지 않고 선생님 영상으로 공부했는데 정말 영어가 됩니다. 선생님 정말로 잘 배우고 있습니다. 가르침에 너무 감사드립니다. 내 나이 50에 영어가 들리다니… 너무 감동적이고 고무적이네요! 앞으로도 열심히 하겠습니다. 감사합니다. – 병**

Contents

Week 6

Week 7

Week 8

Week 9

Week 10

나 _____은(는)

100일 소리튜닝 프로젝트 2단계를 통해

반드시 영어천재가 되어

_____할 것입니다.

5주 목표 플래너 – 영알못, 영어에 눈을 뜨는 기적!

여러분의 현재 실력은 어느 정도인가요? 또 매주 훈련이 끝날 때 여러분은 어디까지 발전하고 싶은가요? 현재 실력을 0〜10이라고 가정하고 들리는 단계(**100: LISTENING 완성**), 말하는 단계(**100: SPEAKING 완성**)의 목표수치를 표시해봅시다!

LISTENING					
SPEAKING					
	6주차	7주차	8주차	9주차	10주차

매일 **진도표**에 학습 날짜와 함께 완수 정도(**10~100: 조금〜완벽**)를 표시하세요. 1주일씩 끝날 때마다 자신에게 보상을 주세요!

								보상
6주	___점 Day 36	___점 Day 37	___점 Day 38	___점 Day 39	___점 Day 40	___점 Day 41	___점 Day 42	
7주	___점 Day 43	___점 Day 44	___점 Day 45	___점 Day 46	___점 Day 47	___점 Day 48	___점 Day 49	보상
8주	___점 Day 50	___점 Day 51	___점 Day 52	___점 Day 53	___점 Day 54	___점 Day 55	___점 Day 56	보상
9주	___점 Day 57	___점 Day 58	___점 Day 59	___점 Day 60	___점 Day 61	___점 Day 62	___점 Day 63	보상
10주	___점 Day 64	___점 Day 65	___점 Day 66	___점 Day 67	___점 Day 68	___점 Day 69	___점 Day 70	보상

100일 영어천재로 가는 기적의 소리튜닝 학습법

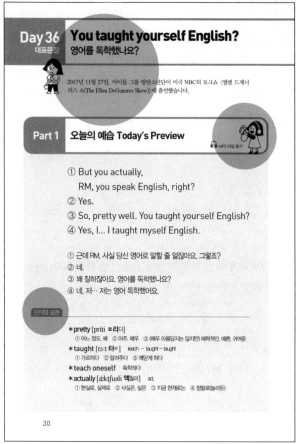

Day 36 대표문장

You taught yourself English?

영어를 독학했나요?

2017년 11월 27일, 아이돌 그룹 방탄소년단이 미국 NBC의 토크쇼 〈엘렌 드제너러스 쇼(The Ellen DeGeneres Show)〉에 출연했습니다.

Part 1 오늘의 예습 Today's Preview

MP3 파일 듣기

① But you actually,

RM, you speak English, right?

② Yes.

③ So, pretty well. You taught yourself English?

④ Yes, I... I taught myself English.

① 근데 RM, 사실 당신 영어로 말할 줄 알잖아요. 그렇죠?

② 네.

③ 꽤 잘하잖아요. 영어를 독학했나요?

④ 네, 저… 저는 영어 독학했어요.

단어와 표현

* **pretty** [príti **프리디**]

① 어느 정도, 꽤 ② 아주, 매우 ③ (매우 아름답지는 않지만) 매력적인, 예쁜, 귀여운

* **taught** [tɔːt **터트**] teach – taught – taught

① 가르치다 ② 알려주다 ③ 깨닫게 하다

* **teach oneself** 독학하다

* **actually** [ǽktʃuəli **액철리**] ad.

① 현실로, 실제로 ② 사실은, 실은 ③ 지금 현재로는 ④ 정말로(놀리듯)

30

- **Day별 대표문장과 설명을 읽어보고 상황을 숙지하시기 바랍니다.**
- 이 책의 모든 영상 및 음원 자료는 네이버카페 '미라클영어스쿨' (https://cafe.naver.com/312edupot)에 게재되어 있으니 활용하시기 바랍니다.

MP3 파일 다운받기

• **Part 1 오늘의 예습**

소리튜닝 본 강의에 앞서 오늘의 문장을 확인하고 예습합니다. 위의 QR코드를 스캔하여 MP3 파일을 다운받아 들으며 반복해서 따라합니다. 하단의 단어 풀이를 참고하며 문장의 의미와 상황을 이해합니다.

① **원본 음성이 담긴 MP3 파일로 반복해서 듣습니다!**

② **오늘의 문장에 담긴 주요 단어와 어휘를 꼭 기억합니다!**

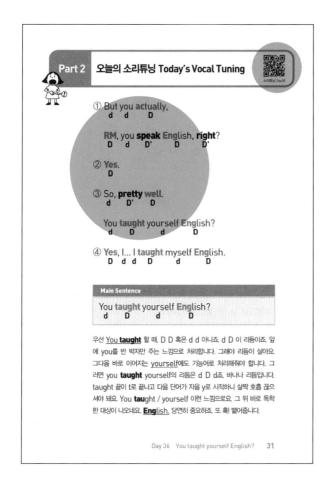

• **Part 2 오늘의 소리튜닝**

스마트폰으로 QR코드를 스캔하거나 유튜브에 〈갓주아TV〉를 검색해 동영상 강의를 들으며 본격적인 소리튜닝을 학습합니다. 대화에 등장하는 인물이나 갓주아쌤에 빙의해서 오늘의 문장을 호흡, 발성, 강세, 속도, 그리고 몸동작이나 감정까지 똑같이 따라합니다.

① QR코드를 스캔하여 〈갓주아TV〉의 동영상 강의를 무료로 마음껏 이용하세요!
② 다양한 장치로 소리튜닝에 최적화된 본문을 〈갓주아TV〉 강의로 완전히 숙지하세요!

D/d	내용어/기능어	**굵은 글씨**	내용어 악센트
D'	의도적으로 힘을 뺀 내용어	별색 글씨	특히 힘을 주는 악센트

③ 원어민이 자주 쓰는 표현, 영어의 소리 규칙 등 알짜배기 Tip도 절대 놓치지 말고 공부하세요!

13

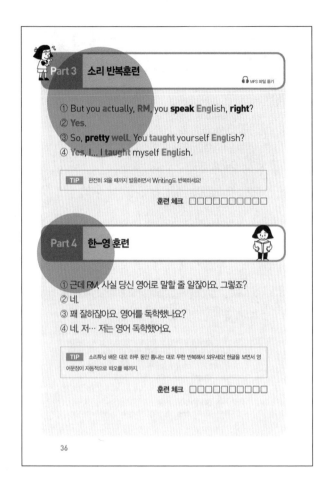

Part 3   소리 반복훈련

🎧 MP3 파일 듣기

① But you **actually**, **RM**, you **speak** English, **right**?
② **Yes**.
③ So, **pretty well**. You **taught** yourself English?
④ **Yes, I... I taught** myself English.

TIP 완전히 외울 때까지 발음하면서 Writing도 반복하세요!

훈련 체크 ☐☐☐☐☐☐☐☐☐☐

Part 4   한–영 훈련

① 근데 RM, 사실 당신 영어로 말할 줄 알잖아요. 그렇죠?
② 네.
③ 꽤 잘하잖아요. 영어를 독학했나요?
④ 네, 저… 저는 영어 독학했어요.

TIP 소리튜닝 배운 대로 하루 동안 틈나는 대로 무한 반복해서 외우세요! 한글을 보면서 영어문장이 자동적으로 떠오를 때까지

훈련 체크 ☐☐☐☐☐☐☐☐☐☐

36

• **Part 3** 소리 반복훈련

Part1에서 사용했던 MP3 파일을 활용해 다시 들으며 정확한 소리로 훈련하는 단계입니다. 몸이 완전히 기억해서 입에서 자동적으로 나올 때까지 1일 최소 10회 이상 매일 매주 중첩하며 5주간 무한 반복합니다. 쓰면서 반복하면 더욱 좋습니다. writing도 좋아집니다.

• **Part 4** 한–영 훈련

한글만 보고도 영어 문장이 튀어나오게 만드는 단계입니다. '어땠어요?'라는 한국어 문장을 떠올리면 'What was that like?'라는 문장이 저절로 입에서 나올 수 있도록 반복훈련합니다.

• 한 번 실행할 때마다 체크 하나씩! 체크 박스를 채우며 꼼꼼하게 훈련하세요!

Part 5 표현 저널 쓰기 Expression journal

teach oneself

독학하다

이 말은 선생님한테 배웠다는 느낌보다는 책이나 인터넷 같은 자료들을 통해
배웠다고 할 때 어울립니다.
I taught myself 대신에 I was self-taught라고도 표현할 수 있습니다.

1. How did you teach yourself English?
   (어떻게 영어를 독학했어요?)
2. How can you teach yourself to draw?
   (어떻게 그림 그리는 걸 독학할 수 있어?)
3. Teach yourself something new.
   (뭔가 새로운 것을 독학해라!)

• Part 5 표현 저널 쓰기

오늘 배운 영어 중 새로운 표현을 내 것으로 만들어보는 과정입니다. 제시된 예문과 함께 추가 조사하고
틈나는 대로 적어보고 연습합니다.

영어 문장 읽기에 익숙한 경우

① 구글(www.google.co.kr)
각종 영영 사전에서 검색한 단어가 정의하는 의미를 파악하고 예문을 읽어본다.
옵션에서 이미지를 선택하여 단어에 대한 이미지를 본다.

② Youglish(https://youglish.com)
검색한 단어가 포함되어 있는 유튜브 동영상을 볼 수 있다.

③ Quora(www.quora.com)
검색한 단어가 포함된 문장들을 볼 수 있다. 네이버 지식인과 비슷하다.
어플리케이션으로도 제공된다.

영어 문장 읽기에 익숙하지 않은 경우

① 각종 한영 사전에 나온 예문들을 찾는다
② 각종 사이트의 이용자들이 작성한 예문들을 본다

7일마다 다시 점검하고 확인하세요!

Special class 갓주아쌤이 알려주는
소리튜닝 꿀팁과 특강을 꼭 챙기세요!
Review 각 주차별로 중첩 복습은
영어천재로 가는 가장 확실한 길!

무료 샘플 강의 수강하기!
① '미라클영어스쿨'
(https://cafe.naver.com/312edupot)에 가입한다!
② 등업 신청 게시판에 책 구매 인증 사진을 올린다!
③ 등업 완료가 되면 '6세 톰 되기' 샘플 강의를
무료로 수강한다!

15

음소단위는 왜 해야 하나요?

danger를 '데인져'가 아니라 '단거'라고 외운 적 있으시죠? '데인져'라고 외우면 danger라고 쓸 수 없습니다. 문자값과 소릿값이 일치하지 않기 때문이에요. 외국 사람도 똑같이 어려워합니다. 미국에서 문맹률을 낮추기 위한 연구가 활발하고, 음소단위 교육이 핫한 이유입니다.

한국은 문맹률이 낮잖아요. 말하고 들을 줄 알면 읽고 쓰기도 어렵지 않게 가능해요. 한국어의 소릿값과 한글의 문자값이 거의 비슷하기 때문이에요. 반면 영어의 경우 문자, 즉 알파벳은 26개인데 소릿값은 44개에 플러스 몇 개 더 있습니다. 거의 2배 차이가 나죠.
사실 미국인들은 엄마 뱃속에서 음소단위를 뇌에 입력해서 나옵니다. 태아 때부터 언어교육이 시작돼요. 무슨 말인지는 몰라도 엄마의 기분과, 음소단위를 듣는 겁니다. 한국 아이들은 한국어의 음소단위를 듣겠죠. 그래서 태어날 때 울음소리도 주파수가 다르다고 하네요.

제가 아이들에게, 영어가 유창하지 않은 분들께 영어를 가르칠 때 가장 먼저 하는 것이 음소단위 교육입니다. Phoneme이라고 하죠. 소리의 가장 작은 단위입니다. 영어를 들었는데 머릿속에서 날아다니고, 귀에 안 들어오는 이유는 음소단위가 뇌에 입력되지 않았기 때문이에요.

음소단위를 알면 뭐가 좋을까요?

우리는 영어 음소단위 교육을 받아본 적이 없어요. 영어 파닉스를 배워본 적도 없고요. 세대가 올라갈수록 훨씬 그렇겠죠. 그래서 발음이 좋지 않습니다. 성인분들이시라면 아마 읽기와 쓰기는 어느 정도 가능하실 겁니다. 그래서 성인분들이 음소단위 교육을 받으셨을 때 최대 장점은 듣고 말하기가 된다는 겁니다. 태아가 음소단위를 뇌에 받아들이듯 하나씩 입력해주면 일단 듣기가 좋아질 수밖에 없습니다. 듣기가 되니 당연히 말하기도 좋아지죠.

만약 읽기와 쓰기가 힘든 분들, 혹은 아이들이라면 음소단위를 입력함으로써 듣고 말하기가 먼저 됩니다. 이후에 알파벳, 문자값과 매칭만 시켜주면 읽고 쓰기도 수월하게 되죠. 이게 파닉스입니다. 파닉스는 소리와 문자를 매칭시키는 겁니다. 음소단위 교육은 소리에 초점을 맞췄어요.

파닉스보다 음소단위가 먼저겠죠? 그래서 아이든 어른이든 영어를 배울 때 가장 먼저 해야 할 것이 음소단위입니다. 모든 사람에게 있어 영어 기초의 해답은 '음소단위'입니다.

2권에서는 음소단위 '자음'부터 준비했습니다. 모음은 소릿값 하나에 문자값이 너무 다양하기 때문에 어려워서 자음 끝내고 3권에서 할게요. 자음은 유성음과 무성음을 쌍으로 배울 거예요. 자음 소리 내는 방식을 구체적으로 설명 드리고, 발성까지 연습할 겁니다.

영어천재로 가는 음소단위 특강(자음 편)

알아두기!

Phoneme : 음소단위(소릿값을 갖는 최소 단위)

Written patterns : 자소단위(문자를 이루는 최소 단위) = grapheme

1. B (유성음) vs. P (무성음)

Phoneme	b	Written patterns	b bb
	p		p pp

소리 내는 법

이가 보이지 않게 입을 야무지게 다물고 숨을 멈췄다가 터트리면서 소리 냅니다. 숨을 멈췄다가 터트리는 느낌이 포인트입니다. 터지면서 배가 움직이는 발성을 느껴봅니다. 소리가 나올 때, 성대를 울려주면 (유성음) b가 되고, 성대를 울리지 않으면 (무성음) p가 됩니다.

	b	p
강세 O	bus bubbles absence obey	pig repeat people puppet
강세 X	betray because habit pebble	trample staple tap perform

2. D (유성음) vs. T (무성음)

Phoneme	d	Written patterns	d dd
	t		t tt

소리 내는 법

혀의 앞부분(혹은 혀끝)을 치경(혀로 느껴 봤을 때 잇몸에서 툭 튀어나온 부분)에 대고, 서로 밀어내면서 힘을 줍니다. 이때 호흡을 멈춥니다. 그러다가 떼면서 터지듯 소리를 냅니다. 배에 힘을 많이 줄수록 소리가 더 커집니다. 소리를 낼 때 성대가 울리면 (유성음) d가 되고, 성대가 울리지 않으면 (무성음) t가 됩니다.

	d	t
강세 O	dad day dime today	time turtle fantastic tent
강세 X	discuss needle huddle medal	today little eating together

3. G (유성음) vs. K (무성음)

Phoneme	g	Written patterns	g gg
	k		c k ck q ch x

소리 내는 법

혀의 안쪽과 연구개(혀로 입천장을 느꼈을 때 말캉한 부분)가 닿습니다.

그 상태에서 호흡을 멈췄다가 터트리면서 나오는 소리입니다. 이때, 성대가 울리면 (유성음) g이고, 성대가 울리지 않으면 (무성음) k 소리입니다. 그 외 혀끝이나 입술은 편하게 둡니다.

	g	k
강세 O	go dog garbage together	cop location character queen chris
강세 X	wiggle Google berger iglu	desk cackle lack occur box

4. V (유성음) vs. F (무성음)

Phoneme	v	Written patterns	v ve
	f		f ff ph gh

소리 내는 법

윗니가 아랫입술을 살짝 물고 공기가 빠져나가면서 성대가 울리면 (유성음) v이고, 성대가 울리지 않으면 (무성음) f입니다.

	v	f
강세 O	victory invite van available	fan affirm finish for
강세 X	seven travel solve above	off forgive flavor forget

5. Z (유성음) vs. S (무성음)

Phoneme	z	Written patterns	z zz ze s se
	s		s ss ce se c sc

소리 내는 법

이 사이에서 새는 소리입니다. 새는 것을 방해하지 않기 위해서 혀를 위치시키면 됩니다. 보통은 혀끝을 아랫니 뒤쪽에 붙이고 배에 힘을 주고 이 사이로 공기를 통하게 합니다. 이때 성대가 울리면 (유성음) z이고, 성대가 울리지 않으면 (무성음) s입니다.

	z	s
강세 O	zoo zip zebra disaster	spend sun seven science
강세 X	please size busy lives	miss mouse fascinate dancing

6. TH[ð] (유성음) vs. TH[θ] (무성음)

Phoneme	th[ð]	Written patterns	th
	th[θ]		th

소리 내는 법

이 두 소리를 내는 데 가장 중요한 포인트는 혀가 살짝(아주 살짝) 이빨 사이에 나온다는 겁니다. 이빨 사이에 혀를 살짝 빼고 공기를 통하게 하다가 혀를 넣으면서 소리를 냅니다. 성대가 울리면 (유성음) th[ð] 소리이고, 성대가 울리지 않으면 (무성음) th[θ] 소리입니다.

	th[ð]	th[θ]
강세 O	this thrill thank thick	theme think Thursday pathetic
강세 X	gather mouth with without	anything health catholic author

7. ZH (유성음) vs. SH (무성음)

Phoneme	zh	Written patterns	g s ge z x
	sh		sh ch si ti

소리 내는 법

이 두 음소단위 역시 이 사이로 공기가 새는 소리입니다. s/z 소리와 다른 점은 입모양입니다. 입술을 살짝 뒤집어 까면서 이가 아래 위 균등하게 다 해서 6개 정도가 보이게 해줍니다. 혀끝은 입천장에 닿지 않습니다. 그 상태에서 배에 힘을 주고 공기를 새어 나가게 해주세요. 이때 성대가 울리면 (유성음) zh이고, 성대가 울리지 않으면 (무성음) sh입니다.

	zh	sh
강세 O	genre luxurious luge regime	ship shoes chic shine
강세 X	pleasure beige occasion usually	action mission crucial wish

8. J (유성음) vs. CH (무성음)

Phoneme	j	Written patterns	j g dge ge
	ch		ch tch tu ti

소리 내는 법

입모양은 sh/zh 소리와 같습니다. 이가 균등하게 6개 정도 보이게 하고 입술을 뒤로 살짝 뒤집어 까주는 거죠. sh/zh 음소단위와 가장 큰 차이점은 혀끝의 위치입니다. sh/zh는 혀끝이 어느 곳도 닿지 않지만, j/ch는 혀끝이 t/d 음소단위 할 때 대는 치경(입천장에서 가장 톡 튀어나온 곳)에 댑니다. 그리고 t/d 소리처럼 호흡을 멈췄다가 터트리는 소리여서 sh/zh처럼 새는 소리가 아니라 한 번에 터지는 소리입니다. 정리하면 입모양은 sh/zh이고 혀끝의 위치와 터지는 소리는 t/d와 같습니다.

	j	ch
강세 O	jelly gentle pajama jump	chip chin change church
강세 X	imagine message budget major	question future watch ditch

9. M (비음) vs. N (비음) vs. NG (유성음)

Phoneme	m	Written patterns	m mm mb mn lm
	n		n kn gn pn
	ng		ng n ngue

소리 내는 법

비음은 코로 나오는 소리를 말합니다. 유일하게 소리가 위로 빠지는 소리입니다. 연구개(혀끝으로 천장을 느꼈을 때 말캉한 곳)를 아래로 내립니다. 비음은 손을 콧볼에 댔을 때 콧볼이 진동하는 게 느껴집니다.

m : 비음을 내면서 입을 다물면서 소리 냅니다. 한국어로 '음' 했다가 소리가 나가면 더 명료하게 소리가 들립니다.

n : 비음을 내면서 혀끝을 입천장 편한 곳에 대고 소리 냅니다. 한국어로 '은' 했다가 소리 내면 명료하게 들립니다.

ng : 혀의 뒷부분을 올려 입천장 연구개 부분에 대고(g/k 소리 낼 때와 같은 구조) 비음을 내줍니다. 이 음소단위는 단어 맨 앞에 오지 않습니다.

	m	n	ng
강세 0	man most money	nail know gnat	uncle anger bangle
강세 X	palm hammer	ban sin fan	longer mango bang sing

10. R (유성음) vs. L (무성음)

Phoneme	r	Written patterns	r rr wr rh
	l		l ll

소리 내는 법

r : 혀의 양옆을 윗니 안쪽(어금니 안쪽)에 대고 혀끝은 그 어디에도 닿지 않습니다. 혀를 굴리려 하지 말고, 혀끝이 윗잇몸 쪽으로 살짝 올리되 입 안 어디에도 닿아서는 안 됩니다. 입모양을 '우' 했다가 소리 내면 좀 더 명료한 소리가 납니다.

light l : l이 모음이나 이중 모음 앞에 오면, light l 소리를 냅니다. 혀끝을 입천장 시작부분에 대고 '을' 했다가 소리 냅니다.

dark l : l이 모음이나 이중 모음 뒤에 오면, dark l 소리를 냅니다. dark l 은 2단계를 거쳐서 소리를 냅니다.

1단계 - 혀 안쪽을 목구멍 쪽으로 당기면서 '얼' 하는 소리를 냅니다. 이 때 혀끝은 어디에도 닿지 않습니다.

2단계 - '얼' 소리를 내고 나서 혀끝을 light l 소리를 위해 위치시켰던 곳(입천장 시작부분)에 대고 끝냅니다.

	r		l
강세 O	read rhyme row road	light l	lead lime low load
강세 X	various sorry serious	dark l	sale special world all

11. W (유성음) vs. Y (무성음)

Phoneme	w	Written patterns	w wh u o
	y		y

소리 내는 법

w : 입모양을 아이에게 뽀뽀하듯 오므리고 입술에 진동이 느껴질 정도로 힘을 줍니다. 자음 w는 보통 단어의 맨 앞이나 중간에 옵니다.

y : 혀끝을 아랫니 뒤쪽에 위치시키고 서로 밀어내면서 힘을 줍니다. 한국어로 '이' 했다가 소리 내면 좀 더 명료해집니다. 자음 y 역시 대부분 단어의 맨 앞이나 간혹 중간에 옵니다.

	w	y
강세 0	wish rewind queen one	yo-yo yes year yesterday
강세 X	would was will which	

12. H (무성음)

Phoneme	h	Written patterns	h wh

소리 내는 법

이 음소단위는 그냥 숨을 뱉어주면서 소리 내면 됩니다. 굉장히 힘들게 뛰었을 때, 헉헉 하는 느낌으로 뱉는 소리입니다. 한국어의 'ㅎ'와는 다릅니다. 영어의 발성을 연습할 때 처음에 h 소리로 연습하면 좋습니다. h는 단어 끝에 오지 않습니다.

	h
강세 O	hot hi hat behind happy who
강세 X	hotel neighborhood however

Week 6

Day 36
|
Day 42

Today, I will create future that I want.
오늘 나는 내가 원하는 미래를 만들 것이다.

You taught yourself English?
영어를 독학했나요?

2017년 11월 27일, 아이돌 그룹 방탄소년단이 미국 NBC의 토크쇼 〈엘렌 드제네러스 쇼(The Ellen DeGeneres Show)〉에 출연했습니다.

Part 1 | 오늘의 예습 Today's Preview

🎧 MP3 파일 듣기

① But you actually,

  RM, you speak English, right?

② Yes.

③ So, pretty well. You taught yourself English?

④ Yes, I... I taught myself English.

① 근데 RM, 사실 당신 영어로 말할 줄 알잖아요, 그렇죠?

② 네.

③ 꽤 잘하잖아요. 영어를 독학했나요?

④ 네, 저… 저는 영어 독학했어요.

단어와 표현

* **pretty** [príti **프리**디]
  ① 어느 정도, 꽤 ② 아주, 매우 ③ (매우 아름답지는 않지만) 매력적인, 예쁜, 귀여운
* **taught** [tɔːt **터**ㅌ] teach – taught – taught
  ① 가르치다 ② 알려주다 ③ 깨닫게 하다
* **teach oneself** 독학하다
* **actually** [ǽktʃuəli **액**추얼리]
  ① 현실로, 실제로 ② 사실은, 실은 ③ 지금 현재로는 ④ 정말로(놀라듯)

① But you **ac**tually,
   d d   D

   RM, you **speak En**glish, **right**?
   D   d   D'   D   D

② **Yes**.
   D

③ So, **pretty well**.
   d   D'   D

   You **taught** yourself **En**glish?
   d   D   d   D

④ **Yes**, I... I **taught** myself **En**glish.
   D   d   d   D   d   D

Main Sentence

You **taught** yourself **En**glish?
d   D   d   D

우선 <u>You **taught**</u> 할 때, D D 혹은 d d 아니죠. d D 이 리듬이죠. 앞에 you를 반 박자만 주는 느낌으로 처리합니다. 그래야 리듬이 살아요. 그다음 바로 이어지는 <u>yourself</u>도 기능어로 처리해줘야 합니다. 그러면 you **taught** yourself의 리듬은 d D d죠. 바나나 리듬입니다. taught 끝이 t로 끝나고 다음 단어가 자음 y로 시작하니 살짝 호흡 끊으셔야 돼요. You **tau**ght / yourself 이런 느낌으로요. 그 뒤 바로 독학한 대상이 나오네요. <u>**En**glish.</u> 당연히 중요하죠. 또 훅! 뱉어줍니다.

전체 리듬 d D d D 연습하고, 실제 영어를 넣어보세요.
You **tau**ght yourself **En**glish?

TIP　**teach oneself**

teach oneself 하면 '독학하다'라는 뜻을 가지고 있죠. 자기 자신을 가르치는 거니까요.

---

① But you **ac**tually, **RM**, you **speak En**glish, **right**?
　 d　 d　　 D　　 D　d　 D'　 D　　 D

But you. 여기까지 기능어입니다. 기능어는 정확하게 또박또박 발음하지 말라는
것이지 아예 소리를 내지 말라는 것이 아닙니다. 그래서 기능어 연습하실 때는 처음
엔 정확하게 발음을 해보세요. **But! you!** 다음에 점점 입을 줄이고 긴장을 빼고 빠
르고 편하게 그리고 마치 복화술하듯이 합니다. But you. 아니면 d d로 연습하고
단어 넣어보셔도 됩니다.
다음 나오는 단어 **ac**tually에서 a는 영어 소리 중 가장 입이 크게 벌어지는 소리입
니다. 아래 위로 턱을 부담스럽다 할 정도로 벌리고 **ac** 소리를 내면서 훅! 뱉어주세
요. 여기까지 리듬은요, d d D예요.
But you **ac**tually, **RM**. 여기까지 편해졌으면 다음 가봅니다.

you speak **En**glish에서 you는 기능어니까 당연히 힘이 들어가지 않지만
speak은 내용어죠. 그런데 speak 바로 다음에 나오는 **En**glish도 내용어예
요. 둘 다 훅! 훅! 뱉으면 끊어지죠. 그래서 둘 중 하나만 훅! 처리해줍니다. 엘렌은
English에 힘을 줬습니다.

~, **right**? 쉼표가 있으니 잠깐 쉬었다 훅! 뱉습니다. 의문문이니 음을 올려주세요.

But you **ac**tually, **RM**, you speak **En**glish.
But you **ac**tually, **RM**, you speak **En**glish, right?

제가 35강에서도 ng 소리는 비음이라고 말을 했었죠. 비음 세 가지를 뭐라고 했죠? m. n. ng 사운드. 그래서 ng 사운드 역시 콧소리가 나오셔야 해요. 콧소리 한 번 내볼까요? 여기다가 ng 사운드를 어떻게 하냐면, 한국어로 '응' 한 번 해보세요. 혀의 안쪽과 연구개가 닿습니다. 입천장의 딱 딱한 부분을 경구개라고 하고, 안쪽으로 갈수록 말캉한 부분을 연구개라고 해요. 혀와 연구개가 닿 은 상태에서 콧볼이 울리게 해서 비음 소리를 냅니다. English는 사전을 찾아보면 [ˈɪŋglɪʃ] 이렇게 표시되어 있어요. 즉, [ŋ] 이게 바로 ng 사운드입니다. '잉'할 때 콧소리 나게 해주세요!

② **Yes**.
   D

'예스' 아니고 훅 하고 내뱉으면서 한 호흡에 가는 거예요. y 소리 내는 법 생각하면 서, 혀끝을 아랫니 뒤쪽에 붙이고, 힘을 줘서 '이' 했다가 소리가 나오게 해줍니다.

③ So, **pretty well**. You **taught** yourself **En**glish?
   d   D'   D   d   D   d   D

So, pretty **well**. pretty는 어떤 뜻이죠? '꽤'라는 뜻을 가지고 있습니다. pretty **well**은 '꽤 잘하잖아.' 이런 뜻입니다. 여기서는 well이 던지는 소리라서 w 발음 신경 써서 해주세요. **well** 은 음소로 쪼개면 'w + e + dark l'입니다.

그러면서 대표문장 나옵니다. 리듬 먼저 가볼게요. d D d D.
You **taught** yourself **En**glish?
그런데 의문문이죠. 그래서 어떤 음으로 엘렌이 올렸는지 들어보시고 따라 해보세요!
You **taught** yourself **En**glish? **En**glish의 소리를 확 올려버려서 의문문 표현을 하고 있습니다.

④ **Yes**, I... I **taught** myself **English**.
   D d d D   d   D

Yes. 응. 나 혼자 배웠어.

대표문장 나오죠. d D d D 다시 나와요.
I **taught** myself **En**glish.

TIP **원어민 따라 길게 말하며 패턴 익히기**

원어민과의 대화에서 원어민이 뭔가를 물어볼 때, 패턴을 배우면서 편하게 말하는 아주 좋은 팁이
있어요. 바로 RM이 말하는 방식이에요. 즉, 원어민이 물어본 말을 다시 한 번 똑같이 말하는 거예
요. 어쩔 땐 완전히 똑같이, 혹은 지금처럼 주어만 바꿔서. 그러면 패턴도 배우면서 단답형으로 대
답하지 않을 수 있어요! 차이를 느껴보세요!

You taught yourself English? / Yes!

단답형이죠.

You taught yourself English? / Yes! I taught myself English.

이렇게 길게 말하면 패턴을 배우며 말할 수 있어요.

자, 이제 소리튜닝 반복 훈련을 시작해볼까요?

거북이처럼 차근차근
파이팅입니다!

내가 거북이 같아도 하나씩, 한 칸씩 가면 토끼를 이길 수 있습니다.
여러분, 오늘도 거북이라는 마음으로 엉금엉금 꾸준한 훈련 부탁드리도
록 하겠습니다.

Part 3 소리 반복훈련

🎧 MP3 파일 듣기

① But you **actually**, **RM**, you **speak** English, **right**?
  D
② **Yes**.
③ So, **pretty well**. You **taught** yourself English?
④ **Yes**, I... I **taught** myself English.

> **TIP** 완전히 외울 때까지 발음하면서 Writing도 반복하세요!

훈련 체크 ☐☐☐☐☐☐☐☐☐☐

Part 4 한–영 훈련

① 근데 RM, 사실 당신 영어로 말할 줄 알잖아요. 그렇죠?
② 네.
③ 꽤 잘하잖아요. 영어를 독학했나요?
④ 네, 저… 저는 영어 독학했어요.

> **TIP** 소리튜닝 배운 대로 하루 동안 틈나는 대로 무한 반복해서 외우세요! 한글을 보면서 영어문장이 자동적으로 떠오를 때까지.

훈련 체크 ☐☐☐☐☐☐☐☐☐☐

teach oneself

독학하다

> 이 말은 선생님한테 배웠다는 느낌보다는 책이나 인터넷 같은 자료들을 통해
> 배웠다고 할 때 어울립니다.
> I taught myself 대신에 I was self-taught라고도 표현할 수 있습니다.

1. How did you teach yourself English?
   (어떻게 영어를 독학했어요?)

2. How can you teach yourself to draw?
   (어떻게 그림 그리는 걸 독학할 수 있어?)

3. Teach yourself something new.
   (뭔가 새로운 것을 독학해라!)

4. He taught himself a lot.
   He loved to read, and loved to go to the library.
   (그는 많은 걸 혼자 배웠어요.
   그는 읽는 것을 좋아했고, 도서관 가는 것도 좋아했어요.)

5.

Day 37
대표문장

I'm not picking favorites
내가 최애를 뽑은 건 아니에요

2018년 9월 25일, 지미 팰런이 진행하는 미국 NBC의 〈투나잇 쇼(The Tonight Show Starring Jimmy Fallon)〉에 아이돌 가수 방탄소년단이 출연했습니다. 지민이라는 멤버가 지미를 놀려요. 서로 농담을 주고받는 장면이죠.

Part 1 오늘의 예습 Today's Preview

MP3 파일 듣기

① We have the same name, basically.
② Jimmy!
③ I'm sorry! I'm not picking favorites.
④ We understand!
⑤ No, I don't have a favorite.
⑥ You're so cute.

① 무엇보다 우리 이름이 같잖아요.
② 지미!
③ 미안해요! 내가 최애를 뽑은 건 아니에요.
④ 우린 이해해요!
⑤ 아뇨, 난 최애가 없어요.
⑥ 당신 정말 귀여워요.

단어와 표현
___

＊pick [pɪk 픽] ① 고르다, 선택하다, 뽑다 ② 꺾다, 따다 ③ 집어내다
＊favorite [féivərit 페이버릿] 형용사: ① 마음에 드는, 매우 좋아하는, 총애하는
  ② 특히 잘하는 명사: ① 좋아하는 사람, 인기 있는 사람 ② 특히 좋아하는 물건
＊basically [béisikəli 베이식끌리] 형용사: 기본적(근본적)으로, 원래
＊understand [ʌ̀ndərstǽnd 언덜스땐드] 타동사: 이해하다, 알다

38

① We **have** the **same name**, **ba**sically.
   d   **D'** d   **D**   **D'**   **D**

② **Ji**mmy!
   D

③ I'm **sorry**! I'm **not pic**king **fa**vorites.
  d d **D**   d d **D**   **D'**   **D**

④ We under**stand**!
  d   **D**

⑤ **No**, I **don't have** a **fa**vorite.
  D d **D**   **D'** d **D**

⑥ You're **so cute**.
  d d **D'** **D**

Main Sentence

I'm **not pic**king **fa**vorites.
d d **D**   **D'**   **D**

<u>I am **not**</u> 할 때, d d d 도 아니고 D D D 아닌 d d D의 리듬으로 I am not. not에서 훅 하고 나가는 느낌이에요. 그다음에는 t 자음 바로 뒤에 p 자음으로 시작하니까 소리가 끊어집니다. t와 p 사이에 끊어지는 느낌이 있어야 합니다.

<u>I am **not** / picking.</u> 이런 느낌으로 하되, not에 훅! 던지고 올라오는 소리에 picking 처리해줍니다. 농구공이 튕겨 오르듯이~

I am **not** picking **fa**vorites. picking도 내용어기는 했지만 not과 favorites 둘 다 뱉다 보니, picking은 휙! 뱉지 않을 뿐입니다. 하지만 여전히 내용이기 때문에 기능어처럼 대충 뭉개지 말고 정확한 소리를 들려줍니다. 그리고 다시 favorite의 강세 부분인 fa에서 휙! 뱉어주세요.

① We **have** the **same name**, **ba**sically.
    d   **D'**   d   **D**   **D'**   **D**

"야, 우리 이름도 같은데 왜 그래?" 이런 느낌으로 얘기하는 부분입니다.
We have the **same** name. We have the까지 d D d 바나나 리듬으로 처리해줍니다. 그리고 바로 나오는 **same**에서 have보다 더 많이 휙! 하고 던져줍니다. 뱉고 돌아오는 소리에 name 정확한 발음으로 처리합니다.

음소단위 'a – e' 구조 단어의 a

a – e 이런 구조의 same / name / game 단어들의 a는 father의 a처럼 'ㅏ' 소리가 아니라 'ㅔㅣ' 소리를 내줍니다. 모음의 음소단위는 정말 다양한 표기가 가능합니다. 그래서 헷갈립니다. 제일 좋은 방법은 가장 많이 표기되는 모음값을 기본으로 기억해두고 이렇게 예외를 기억해나가는 것입니다.

영상에서 지미는 정확하게 발음을 잘 안 해줘요. 당황하지 마세요. 농담을 하면서 얘기하는 영상이 많아서 그래요. 아마 잘 안 들렸을 가능성이 많습니다. 그런데 계속하다 보면 그런 것도 들려요. 너무 걱정하지 마세요.

음소단위 b

basically 할 때 ba에 터지죠. p 소리와 쌍인 소리입니다. p는 무성음 b는 유성음이에요. 입모양은 똑같아요. 입술과 입술이 앙 다물고 있다가 '팍' 하고 터지는 면서 목소리를 넣어줍니다. 즉, p나 b나 터지는 소리는 같되 목소리가 울리냐, 안 울리냐 차이입니다.

---

basically에서 ba에 힘 들어가고요. 그다음에 c 소리에 강세가 들어가지 않으면 미국식 영어에서는 보통 된소리가 나옵니다. 이것도 소리의 규칙 중의 하나예요. 그래서 '베이식컬리'라고 안 하고, '끌' 이런 소리가 나오는 거예요.

basically라는 단어는 재미있는 뜻이에요. 우리가 알고 있는 사전적인 basically는 '기본적으로, 근본적으로' 그런 뜻을 가지고 있잖아요. 그런데 강조하는 느낌으로 많이 쓰입니다. 예를 들어 여기가 딱 그런 경우거든요. We have the same name. basically. '우리는 기본적으로 같은 이름을 가지고 있잖아.'라고 해석을 해도 무리는 없지만, 여기서는 뭔가 강조하고 싶은 의미로 쓰여서 '무엇보다'라는 뜻이 잘 어울립니다.

② Jimmy!
   D

Jimmy. j 발음이죠. 방탄소년단 멤버 이름은 지민이니까 이름이 너무 비슷하죠. 우리도 그렇잖아요. 처음 만난 사람 있으면 어떻게든 엮으려고 하잖아요. 친한 척하려고, 이름 비슷한 걸로 엮어가려고 하는 거죠.

③ I'm **sorry**! I'm **not pic**king **fa**vorites.
   d d   D   d d   D   D'   D

I'm **so**rry! 이 문장의 리듬은 dd D입니다. Sorry 할 때 s 새는 소리 나가면서 훅! 뱉어줍니다. I'm **sorry**!
다음 대표 문장 나옵니다. I'm **not** picking **fa**vorites. dd D D' D 리듬 연습하고 영어를 넣어보세요!

④ We under**stand**!
      d   D

'우리 이해해!'라고 말하네요.

> **소리규칙** s 다음에 t가 나오면 t는 된소리가 난다
>
> under**stand**. s 다음에 t. 기억해두세요. 소리규칙입니다. s 다음에 나오는 t 역시 된소리가 나
> 옵니다. '스탠드'라고 안 하고, stand. tan(땐) 이 소리가 나오는 거죠. 그래서 한번 해볼게요.
> stand [ㅅ땐ㄷ] / station [ㅅ떼이션] / stable [ㅅ떼이블]

⑤ **No**, I **don't have** a fa**vorite**.
    D d D   D' d   D

No. I **don't** have a. 보통은 **no** 제대로 해주고 여기 영상에서는 No. I don't have a 까지 마치 한 단어처럼 이어졌습니다. 이럴 때 보통 뭉개져서 안 들리곤 합니다. 그런데 이런 소리에 익숙해지면 명료하게 들리기 시작합니다. 하지만 처음부터 강세, 리듬 생각하지 않고 뭉개지는 대로 연습하는 것보다 처음엔 좀 과장해서 훅훅 뱉으면서 강세, 리듬을 지켜주고, 그 소리가 익숙해지면 영상 소리를 따라 해봅니다. I don't have a는 한국어로 굳이 표기하자면, '아돈해버' 정도로 소리가 납니다.

I **don't** have a fa**vorite**. 이제 **fa**vorite이 나옵니다. 이때도 역시 명사로 쓰였죠. 요즘 '최고로 애정하는 것'을 줄여서 '최애'라고 하죠? **fa**vorite는 '최애, 제일 좋아하는 것'이라는 뜻으로 쓰였어요. 실제 영상에서는 **fa**vorite밖에 안 들리셨을 거예요. 이런 소리에 귀를 점점 익숙하게 만들면 됩니다.

⑥ You're **so cute**.
   d d **D' D**

You're so **cute**. '너 너무 귀여워.' c 발음 '크' 제대로 하시고요.

> **음소단위** c / k
>
> c와 k 소리는 긁는 느낌으로 소리 냅니다. '응' 하면서 혀 안쪽과 입천장을 붙여서 '응' 하면서 접촉
> 했다가 두 부분을 긁으면서 스크래치 나는 소리를 냅니다.

자, 이제 소리튜닝 반복 훈련을 시작해볼까요?

Part 3

소리 반복훈련

🎧 MP3 파일 듣기

① We **have** the **same name**, **ba**sically.
② **Ji**mmy!
③ I'm **sorry**! I'm **not pic**king **fa**vorites.
④ We under**stand**!
⑤ **No**, I **don't have** a **fa**vorite.
⑥ You're **so cute**.

TIP   완전히 외울 때까지 발음하면서 Writing도 반복하세요!

훈련 체크 ☐☐☐☐☐☐☐☐☐☐

Part 4   한–영 훈련

①무엇보다 우리 이름이 같잖아요.
②지미!
③미안해요! 내가 최애를 뽑은 건 아니에요.
④우린 이해해요!
⑤아뇨, 난 최애가 없어요.
⑥당신 정말 귀여워요.

훈련 체크 ☐☐☐☐☐☐☐☐☐☐

favorite

최애

> my favorite music. my favorite movie. 이렇게 '가장 좋아하는'이라는 형용사로도 쓰이지만 명사로 쓰기도 합니다. '최애'라는 뜻으로 쓰일 수 있어요. 우리도 '내가 제일 좋아하는 것'이라고 말할 때가 있잖아요. 이때는 명사로 쓰일 수도 있습니다.

1. Daniel's always been mom's favorite.

   (대니얼은 항상 엄마의 최애야.)

2. Their cheese burgers are always my favorites.

   (그들의 치즈 버거는 항상 내 최애야.)

3. The hotdog is still a national favorite.

   (핫도그는 여전히 국민 최애 음식이다.)

4.

5.

Day 38
대표문장

We have got company
우리 동행이 있네

2016년 7월 23일, 미국 TBS의 토크쇼 〈코난 쇼(CONAN)〉에 영화 〈수어사이드 스쿼드(Suicide Squad)〉의 배우들이 출연했습니다. 그러면서 영화를 약간 보여주는 장면입니다. 조커와 여자친구가 같은 차에 타서 배트맨과 추격전을 벌이는 장면이거든요.

Part 1 | 오늘의 예습 Today's Preview

🎧 MP3 파일 듣기

① We have got company.
② Batsy, Batsy, Batsy.
③ Stupid Bats, you're ruining date night!
④ Well. A little spoiler alert there.

① 우리 동행이 있네.
② 박쥐, 박쥐, 박쥐.
③ 멍청한 박쥐 같으니라고, 데이트를 망치고 있잖아!
④ 음. 저기 약간 스포일러 주의가 있네요.

단어와 표현

＊**company** [ˈkʌmpəni 컴뻐니]   ① 회사   ② 단체   ③ 함께 있음   ④ 함께 있는 사람들
＊**ruin** [ˈruːɪn 루인]
　형용사: ① 망치다   ② 파산시키다, 폐허로 만들다
　명사: ① 붕괴, 몰락   ② 파산, 파탄, 파멸(의 원인)   ③ 잔해, 폐허
＊**spoil** [spɔɪl ㅅ뽀일]   망치다, 버려놓다
＊**alert** [əˈlɜːrt 얼럿]
　형용사: ① 기민한, 정신이 초롱초롱한   ② 경계하는
　동사: ① (위험 등을) 알리다, 경보를 발하다   ② 의식하게 하다
　명사: ① 경계태세   ② 경계경보

① We have **got com**pany.
　 d　　d　　D'　　　D

② **Bat**sy, **Bat**sy, **Bat**sy.
　 D　　　 D　　　 D

③ **Stupid Bats**, you're **ruining date night**!
　 D　　D　　 d　 d　 D　　　D　　 D

④ **Well**. A little **spoiler** a**lert there**.
　 D　 d　 d　　 D　　　D'　　D

Main Sentence

We have **got com**pany.
　 d　　d　　D'　　　D

---

company라는 단어는 '회사'라는 뜻도 있지만, '동행이나 일행, 같이 있는 사람'이라는 뜻도 있습니다. 이 두 의미를 구분하는 가장 좋은 방법은 회사의 뜻일 때는 셀 수 있는 명사여서 앞에 a가 오거나 뒤에 −s를 붙여 복수 처리도 가능합니다. 하지만 동행을 뜻할 때 company는 셀 수 없는 명사여서 a나 −s 처리가 불가능합니다.

got 다음에 company가 나왔습니다. t 다음에 c 자음이니까 연음처리 하지 말고 끊어야 되죠. We have got / **com**pany. 이런 느낌으로 끊어줍니다.

① We have **got com**pany.
　 d　 d　 **D'**　 D

'우리 지금 동행이 있네.' 여기에서 동행이란 누구죠? 배트맨이죠. '배트맨이 이 근처 어디 있어.'라는 의미로 쓰일 수 있겠죠.

<u>we</u>. 힘 들어가지 않죠.

<u>have</u>도 '가지다'라는 의미를 가지고 있는 단어가 아니므로 기능어예요. 그러니 힘이 들어가지 않죠.

<u>got</u>에 훅! 던져주세요.

company. com에서 훨씬 더 훅! 발성과 함께 던져주세요!

② **Bat**sy, **Bat**sy, **Bat**sy.
　 D　　 **D**　　 **D**

Batsy는 어떤 대단한 뜻이 있는 새로운 단어는 아니고요. 조커가 배트맨을 부르는 약칭입니다. 할리퀸이 굉장히 분노하면서 말해요. 그러면서 소리가 굉장히 잘 터졌습니다.

③ **Stu**pid **Bats**, you're **rui**ning **date night**!
    D   **D**   D   d d   **D**   **D**   D

Stupid부터 해볼까요? 여기서 s 다음에 나오는 t입니다. s 다음에 나오는 t는 된 소리가 나옵니다. s는 샜다가 t 처리하면서 된소리 '뚜' 하고 나옵니다. 그리고 또 강세가 없는 p가 나오죠. 강세가 들어가지 않는 p도 된 소리가 나옵니다. 그래서 '뻬' 느낌의 소리를 냅니다.

Stupid **Bats**. 멍청한 박쥐 같으니라고.

you're. 입에 긴장이 하나도 있으면 안 돼요.

ruining. 훅! 뱉어주세요. dd D 리듬입니다. r을 할 때는 처음에 시작할 때 스스로 느끼기에 입모양을 '우' 하는 느낌으로 해주세요. 그래야 순간적으로 힘이 확 들어갑니다.

date night이에요. date의 끝이 t로 끝나고 night는 n으로 시작하죠. 소리가 끊어집니다. 항상 소리의 규칙은 나오는 소리를 기준으로 합니다. 쓰여 있는 철자의 값이 아니라 발음 값으로 해줍니다. 그래서 **date / night** 이렇게 끊어주는 느낌으로 합니다.

> **음소단위**　d / t
>
> d와 t는 같은 소리예요. d는 유성음 t는 무성음이에요. 혀의 위치는 두 소리 다 혀의 앞부분을 입천장 치경(혀로 천장을 느꼈을 때 톡 튀어나온 부분)에 대고 서로 밀어주는 느낌으로 힘을 줬다가 터져줍니다.

> **TIP**　감정표현까지 따라 해보기
>
> you're **rui**ning **date night**! 할리퀸이 화냈어요. 이런 감정 표현도 따라 해보세요. 영어로도 분노해서 말할 때가 있을 것 아니에요. 그런데 영어로 어떻게 분노하는지 몰라서 살살 얘기하면 안 되겠죠?

④ **Well**. A little **spo**iler a**lert there**.
   D   d   d   D   D'   D

Well. '글쎄.'란 뜻입니다. 'w + e + dark l'. 이렇게 음소를 나누어서 소리를 내보시고, 점점 빠르게 이어서 소리 내보세요.

A little **spo**iler. a little은 힘이 들어가지 않게 빠르게 처리해주세요. 그리고 나오는 spoil은 s 다음에 p니까 바로 나와서 된소리 '**뽀**' 느낌으로 소리를 냅니다.

TIP   spoiler? 스포일러!

우리는 한국어로 보통 '스포일러'라고 하죠. 스포일러가 뭐죠? spoil 하면 '뭔가를 망치다.'라는 뜻이죠. 거기에 er 붙이면 망치는 사람이에요.

영화의 중요한 장면, 엔딩이나 반전을 보여줌으로써 영화에 대한 상대의 기대감을 무너뜨리게 하는 사람을 '스포일러'라고 하고, 그런 행위를 '스포일'이라고 하는 거죠.

영화를 먼저 보여줬잖아요. 그러니까 '저희가 약간 보여드렸습니다. 여기에 약간 스포일러가 있네요.' 정도로 해석이 가능하겠죠.

A little **spo**iler alert **there**.

alert는 들어보셨을 거예요. '경보, 주의'라는 뜻이 있죠. 다시 말해서 '스포일러 주의' 이런 느낌이죠.

자, 이제 소리튜닝 반복 훈련을 시작해볼까요?

아주 작은 소리까지
들으려고 하지 않아도 됩니다!

영상의 요만한 것도 들으려고 하면서 '잘 안 들려요, 왜 그런 걸까요?' 하고 스트레스 받을 필요는 없다고 생각해요. 목표는 '내 입으로 편하게 합시다!'예요.

지금 훈련하고 있는 토크쇼의 특성상 미드나 영화처럼 딱딱 소리가 완벽하게 들리지 않을 가능성이 굉장히 커요. 잡음도 많죠. 영화나 미드보다 한 단계 위라고 할 수 있습니다. 우리는 그 대단한 걸 해내고 있는 거죠.

스스로에게 '잘했어, 지금 38일차야. 너는 어쩜 이렇게 멋있니?' 이렇게 거울 보면서 한마디씩 해주세요.

Part 3　소리 반복훈련

① We have **got com**pany.

② **Bat**sy, **Bat**sy, **Bat**sy.

③ **Stupid Bats**, you're **ruining date night**!

④ **Well**. A little **spo**iler a**lert there**.

TIP 완전히 외울 때까지 발음하면서 Writing도 반복하세요!

훈련 체크　□□□□□□□□□□

Part 4　한–영 훈련

①우리 동행이 있네.

②박쥐, 박쥐, 박쥐.

③멍청한 박쥐 같으니라고, 데이트를 망치고 있잖아!

④음. 저기 약간 스포일러 주의가 있네요.

TIP 소리튜닝 배운 대로 하루 동안 틈나는 대로 무한 반복해서 외우세요! 한글을 보면서 영어 문장이 자동적으로 떠오를 때까지.

훈련 체크　□□□□□□□□□□

52

company

회사 (countable : 셀 수 있는 명사)
동행, 일행, 같이 있는 사람 (uncountable : 셀 수 없는 명사)

1. I have a company.
   (나는 회사를 갖고 있습니다.)

2. A: Do you have company?
   (일행 있으세요?)

   B: Yes, I have company.
   (네, 일행이 있습니다.)

   * 이때, "I have a company." 하면 "나 회사 있어."이니,

   상황에 맞지 않는 말을 하게 됩니다. 주의하세요!

3. We're not alone. We have company.
   (우리는 혼자가 아닙니다. 우리는 동행이 있습니다.)

4.

5.

〈엘렌 드제너러스 쇼〉에 2015년 4월 30일, 영화배우 스칼렛 요한슨이 출연했습니다. 아이를 낳은 후라고 합니다. 스칼렛 요한슨이 〈어벤져스2〉를 찍을 당시 이미 임신한 상태였어서 꽤 배가 불렀었다고 하더라고요. 이 장면은 '어떻게 애를 낳고도 이렇게 날씬해?' 하는 장면입니다.

Part 1 오늘의 예습 Today's Preview

🎧 MP3 파일 듣기

① You look fantastic and you just had a child.
② I know.
③ And I don't know how because-
④ I know how.
⑤ I'll be talking about it later if you want.
⑥ Yeah, that's not what I meant.

① 보기 좋아 보여요. 출산한 지 얼마 안 되셨잖아요.
② 그렇죠.
③ 도대체 어떻게… 가능한지 모르겠어요.
④ 저는 방법을 알죠.
⑤ 원하시면 조금 이따가 설명해드릴게요.
⑥ 아니, 그런 뜻이 아니에요.

단어와 표현

* **fantastic** [fænˈtæstɪk 팬**태**스틱] ① (비격식) 기막히게 좋은, 환상적인
  ② (비격식) 엄청난, 굉장한 ③ 기상천외한, 기이한
* **later** [ˈleɪtə(r) **레**이럴] 부사: ① 나중에, 후에, 뒤에 ② (비격식) 잘 개 또 봐!
  형용사: ① 뒤의, 후의, 나중의 ② 늦은, 만년의, ~말의
* **meant** [ment **멘**트] ① ~라는 뜻이다, ~를 의미하다 ② ~을 의도하다

① You **look** fant**a**stic and you just **had** a **child**.
  d D'   D   d   d   d   D' d   D

② I **know**.
  d D

③ And **I don't know how** because-
    d d D'   D'   D   d

④ I **know how**.
  d D'   D

⑤ I'll be **tal**king about it **la**ter if you **want**.
  dd d   D   d   d   D d d   D

⑥ **Yeah**, **that**'s **not** what I **meant**.
  D   D d D'   d d   D

Main Sentence

That's **not** what I **meant**.
  D d D'   d d   D

서로 오해가 생겼을 때 우리가 할 수 있는 말 중의 하나이죠.

That's. that의 th의 돼지꼬리 소리[ð]예요. 혀는 이 사이에 살짝 나오고 유성음 처리해줍니다.

That's not. 물론 not도 내용어예요. 그래서 not에 힘이 들어갈 수도 있습니다. that's **not**. 이렇게 소리 낼 수도 있습니다. 엘렌은 that에 힘을 줬어요. that도 지시사이기 때문에 충분히 내용어죠. 지시사는 약한 내용어입니다. 어쩔 때는 힘 주고, 어쩔 때는 빼요. 여기서는 that에 힘을 줬어요. '그건 내가 의미했던 게 아니야.'라고 말하고 싶어서죠. '그건'을 강조한 거예요.

what I **meant**. d d D. 여기에서 what I는 기능어로 빠르게 처리하고 meant에서 훅! 터져줍니다. m 소리는 비음입니다. 입을 아무지게 다물고 콧볼이 울리게 소리를 내줍니다. m은 '음' 했다가 나가면 정확합니다.

that's not what I **meant**.

① You **look** fan**ta**stic and you just **had** a **child**.
   d   **D'**   **D**   d   d   d   **D'** d **D**

You look fantastic. 일단 이 문장에서 look과 fantastic이 내용어입니다.
fantastic 발음 해볼까요? '판타스틱' 이러면 안 되는 거예요. 강세는 **ta**에 있어요. 중요한 것은 fa 발음이 강세는 없지만 여기서 a의 소리는 '아'가 아니라 '애'에 가깝습니다. 그래서 '팬' 소리가 나오셔야 해요. fan**ta**stic 리듬은 d D d입니다. 바나나 리듬으로 처리해줍니다. '**ta**'도 apple의 입 큰 '애'입니다. 입 크게 벌려주세요. 연결 해볼까요?
You look fan**ta**stic. 물론 look도 내용어지만, fan**ta**에 훅 하고 던졌어요. 그렇다고 look 소리를 뭉개지 않습니다. 훅! 뱉지 않는다고 해서 내용어가 기능어 되지는 않아요. 그냥 힘 조절을 해줄 뿐이에요. 그리고 이어주는 거죠. 훅! 뱉고 돌아오는 소리로 look의 정확한 발음을 해줍니다.

and you just. d d d. 다 기능어입니다. 입에 긴장 풀고 입에서 편하게 나올 때까지 먼저 연습합니다. just의 경우, 끝에 st 자음 두 개로 끝나는데요. 이때 뒤에 바로 오는 단어의 시작이 또 자음인 경우, 발음이 힘들어서 보통 t가 빠집니다. 이 문장에서도 just 다음 바로 had가 왔죠. 's + t + h' 이렇게 t를 중심으로 앞뒤 자음 있을 때는 소리 내기가 힘들어요. 그래서 t가 빠지니까 'jus had' 이렇게 소리를 편하게 냅니다.

<u>had a.</u> '해드 어'가 아니라 자음 다음에 바로 모음이 오는 경우이니 'hada' 이렇게 이어줍니다. 그리고 바로 child에서 훅! 뱉어주세요.

child의 ch 할 때 배가 움직여야 해요. 정확한 음소단위 소리라면 배가 움직일 수밖에 없습니다. 왜냐하면 혀의 위치가 t 소리의 혀의 위치와 같아서 입천장과 서로 밀어주다가 터지는 소리이기 때문에 절대 힘 없이 나오지 않습니다. 터지는 느낌이 있으셔야 되는 거예요.

일단 had도 내용어, child도 내용어예요. 그래서 D d D. **had** a **child**. 이런 리듬으로 had와 child에 똑같은 세기의 힘을 주면 살짝 인위적인 느낌이 나요. 그래서 내용어들 사이에 약간 힘을 조절해줍니다. 영상에서는 child에 조금 더 힘이 들어갔습니다. 어느 내용어에 더 힘 줄지는 화자가 결정할 수 있습니다.

음소단위 ch

ch 한번 해볼까요. ch 소리와 j 소리가 쌍입니다. 의외죠? ch와 j 소리가 둘 다 입모양, 혀 위치 다 같습니다. 다만 ch는 무성음이고요, j는 유성음입니다. 오늘은 ch만 보도록 할게요.

입모양은요. 이가 6개 정도 균등하게 나오는 느낌으로, 이 상태를 유지시켜주세요. 그 상태에서 입술은 약간 오리처럼 까주세요. 이 상태에서 혀의 위치가 중요해요. 혀의 위치는 t 소리 했던 것 기억나세요? t 소리 낼 때 어디에 위치시켰죠? 톡 튀어나온 부분, 치경이라고 하죠. ch도 마찬가지입니다. 그다음에 혀와 입천장이 서로 밀어내며 싸우다가 배에 힘을 주면서 터져줍니다.

---

② I **know**.
   d D

I **know**. d D. 이건 거의 안 들리셨을 거예요. 혼잣말하듯이 내는 소리라 중얼거리듯이 나왔어요.

③ And **I don't know how** because-
    d d D' D' D   d

<u>And I don't know.</u> I don't know는 굉장히 빠르게 한 느낌입니다. 이 3단어의 조합은 우리가 정말 많이 말하고 듣는 거죠. 내용어는 don't와 know지만 대부분 I에 힘이 들어가고 나오는 소리에 빠르게 don't know를 처리하곤 합니다. 그래서 한국어로 표현하자면 '**아**돈노' 이렇게 빠르고 편하게 말합니다.
그리고 나오는 <u>**how**</u>에 훅! 하고 터져줬어요. h 소리 제대로 뱉으면서 **how** 소리 내주세요.

<u>And **I** don't know **how**</u>. 도대체 어떻게. '어떻게 그렇게 아기를 낳고서도 너는 그 몸매니?' 이게 생략된 거죠.

④ I **know how**.
   d D'   D

엘렌이 말을 하려고 하는데 스칼렛 요한슨의 장난기가 발동 하네요. 엘렌 말을 끊으며 약간 장난스러운 말투로 했어요. 여기서 스칼렛 요한슨은 'how'를 '어떻게 아이를 갖게 되는지'라고 해석해서 엘렌을 놀리는 장면입니다.

<u>I know **how**</u>. d D' D. '나는 어떻게 했는지 아는데.'

⑤ I'll be **tal**king about it **la**ter if you **want**.
   d d d   D   d   d D d d   D

스칼렛 요한슨이 웃으면서 말을 해요. 거의 다 입에 씹혀서 입모양으로 알아챌 수밖에 없습니다.

<u>I'll be</u>에서 I'll은 둘 다 기능어여서 힘이 안 들어가요. 여기서 'll은 dark l이라서 I'll을 마치 'all'처럼 소리 냅니다. 그래서 편하고 빠르게 말할 수 있는 거예요.

그다음에 t 소리 제대로 해서 **tal**king에서 뱉고 들어오는 소리에 about it을를 한 단어처럼 처리해줍니다. 'aboutit.'

그리고 다시 light l 소리로 시작하는 **la**ter 를 처리합니다. 입천장 시작하는 부분에 혀끝을 위치시키고 힘을 줘서 '(을)레이러' 이런 느낌으로 소리 냅니다. 이때 '을'은 혀끝에 힘을 주기 위한 것으로, 상대가 알아차릴 정도까지 '을' 소리를 크게 내지 않습니다.

I'll be **tal**king about it **la**ter.

if you **want**. 이 소리를 거의 안 냈어요. 그냥 입모양으로 알아차리는 정도입니다. 이 소리가 안 들렸어도 좌절하지 마세요. 한국어도 저렇게 말하면 안 들릴 거예요.

I'll be **tal**king about it **la**ter if you **want**.

⑥ **Yeah**, **that**'s **not** what I **meant**.
　　D　　D d D'　 d　 d　 D

Yeah 하면서, 대표문장 나옵니다. '그건! 내가 의미했던 게 아냐!' 우리도 이런 말 정말 많이 쓰죠? 평소에도 많이 써주세요! 영어로!

자, 이제 소리튜닝 반복 훈련을 시작해볼까요?

① You **look** fan**ta**stic and you just **had** a **child**.

② I **know**.

③ And **I don't know how** because-

④ I **know** how.

⑤ I'll be **tal**king about it **la**ter if you **want**.

⑥ **Yeah**, **that**'s **not** what I **meant**.

> **TIP** 완전히 외울 때까지 발음하면서 Writing도 반복하세요!

훈련 체크 ☐☐☐☐☐☐☐☐☐☐

Part 4 한–영 훈련

①보기 좋아 보여요. 출산한 지 얼마 안 되셨잖아요.

②그렇죠.

③도대체 어떻게… 가능한지 모르겠어요.

④저는 방법을 알죠.

⑤원하시면 조금 있다가 설명해드릴게요.

⑥아니, 그런 뜻이 아니에요.

훈련 체크 ☐☐☐☐☐☐☐☐☐☐

have a child

출산하다
give birth to = deliver a baby

> have a child 하면 아이를 갖게 된 거죠. 그래서 '출산하다'라는 의미를 가지고 있습니다. 이렇게 쉽게 말할 수 있어요. 'give birth to' 이것도 역시 '탄생을 시키다, 출산을 하다.'라는 의미가 될 수도 있고요. 또는 deliver라는 단어를 씁니다. 'deliver a baby' 역시 출산한다는 의미로 쓰일 수 있어요.

1. My sister just had a baby.

   (우리 언니가 막 출산했어.)

2. I was pregnant in early February
   and I had a baby girl.

   (저는 2월 초에 임신했고, 여자아이를 출산했어요.)

3. I just gave birth to a child.

   (나는 막 출산했잖아.)

4.

5.

Day 40
대표문장

Time is going by so fast
시간이 참 빠르죠

39강에 했던 장면 다음에 나오는 장면이에요. 아이를 낳은 것에 대한 얘기가 앞서 진행이 됐잖아요. 그리고 나서 "애가 몇 살이야?" 하고 아이에 대해 물어보는 대화라고 할 수 있겠죠.

Part 1 오늘의 예습 Today's Preview

🎧 MP3 파일 듣기

① How old is she now?
② She's gonna be eight months. Yeah.
③ Wow.
④ Yeah, it's crazy.
⑤ I can't believe that time is going by so fast.

① 지금 그 애가 몇 살이죠?
② 8개월 됐어요.
③ 와.
④ 네, 장난 아니죠.
⑤ 시간이 얼마나 빠른지 믿을 수가 없어요.

단어와 표현

* **month** [mʌnθ] - **months** [mʌns]
  ① (일년 열두 달 중) 달, 월   ② (한 달의 기간을 나타내는) 달, 개월
* **crazy** ['kreɪzi 크뤠이지]
  ① 정상이 아닌, 말도 안 되는   ② 미친듯이 화가 난   ③ 정신이상인, 미친
* **fast** [fæst 패스트]   ① (움직임이) 빠른   ② (짧은 시간에, 지체 없이 해서) 빠른
* **go by**   ① (어떤 곳을) 지나가다   ② (시간이) 지나다

① How **old** is she **now**?
  d **D** d d **D**

② She's gonna be **eight months**. **Yeah**.
  d d   d   d   **D**   **D'**   **D**

③ **Wow**.
  D

④ **Yeah**, it's **cra**zy.
  D   d d   **D**

⑤ I **can't** be**lie**ve that **time** is **go**ing by **so fast**.
  d **D**   **D'** d   **D** d **D'** d **D'** **D**

Main Sentence

Time is **go**ing by **so fast**.
D d **D'** d **D'** **D**

Time is. t 발음 제대로 살리셔서 time에 힘주고, 빼는 힘에 is. 마치 'tim + is' 의 한 단어라는 생각으로 붙여서 소리 냅니다.

Time is going by. go by 하면 '지나가다'의 의미를 가지고 있어요. 시간의 흐름을 나타낼 때 쓸 수 있는 표현입니다. 역시 이어동사로 처리해서 going **by**. 이어동사는 두 단어를 이어서 소리 내고 뒤에 단어에 힘이 들어갑니다. 그래서 by에 더 힘이 들어갑니다.

so **fast**. d D나 D d 둘 다 가능합니다. 어디다가 힘을 줄지는 화자가 결정해주고, 힘 주는 위치에 따라 전달하고자 하는 뉘앙스가 달라집니다. 여기서는 fast에 훅! 뱉어줬어요.

Time is going by so **fast**. time, fast만 들리면 되는 거죠. 그러니까 그게 가장 크게 들려야 되는 거예요. by도 힘을 주기는 했지만 조금만 올라간다는 느낌으로 처리했어요.

① How **old** is she **now**?
    d   **D**   d   d   **D**

엘렌이 물어봅니다.

How **old**에서 중요한 건 old죠. old에서 훅! 던져줍니다. old 발음할 때 dark l이 있죠. 그리고 여기서 o 소리는 '오우' 소리입니다.
old 다음에 바로 모음 시작인 is가 나와서 소리가 붙어서 나옵니다. How '**old**is' she 이런 느낌으로요. 그리고 **now** 하고 훅! 또 한 번 뱉습니다.

이 문장에서 **old**랑 **now**가 중요한 거죠? 어떤 리듬이죠? d D d d D 리듬으로 느껴보고 문장을 넣어봅니다.

How **old** is she **now**?

n 음소단위 해볼까요? 비음은 m, n, ng 소리. 여기선 n 소리 한번 배워볼게요. 역시 비음이라서 콧볼이 울리는 소리입니다. n은 혀의 끝이 입천장 편한 곳에 대면 돼요. 그리고 꾹꾹 눌러주는 느낌이에요. '엔느' 하면서 콧볼에는 진동이 느껴져야 해요.

now. '나우' 이런 느낌이 아니라 '은' 눌렀다가 '나' 하는 느낌이에요. 그래서 now. 이걸 굳이 2음절로 표시한다면 '은 나우' 이런 느낌이에요. 합하면 now 이렇게 되는 거죠.

② She's gonna be **eight months**. **Yeah**.
　　　 d　 d　　d　　 d　　 D　　 D'　　　D

She's gonna be. 빠르게 복화술 하듯이 힘을 빼고서 한번 들어가볼게요. 그다음에 eight에 힘줄게요.

She's gonna be **eight**. 내용어의 악센트는 절대적으로 길게 하셔야 해요. 여기를 짧게 하면 급하게 들려요. 여기에 빨리 말하고 싶으면 eight은 건들면 안 되고 She's gonna be를 빨리 해야 된다는 얘기죠.

누군가 영어를 하는데 쟤 왜 이렇게 급한 느낌이 들지? 그러면 보통 내용어에 악센트를 급하게 처리해서 그래요. 내가 아무리 빨리 얘기하고 싶어도 영어 스피드가 나오지 않는 이유는 내용어 악센트가 아니라 기능어 때문입니다.

She's gonna be **eight** months.

months는 그렇게 힘이 들어가지 않았어요. 중요한 건 '개월'보다 8이라는 숫자죠.

month 발음 해볼게요. 원래는 th의 번데기 발음이죠. th 다음에 s가 붙으면 th 자리의 소리가 나오지 않습니다. 그래서 어떻게 소리를 내냐면, th를 빼버리세요. 그러면 어떻게 발음한다? mons. 여러 개월일 때는 mons. 한 개월일 때는 month. 소리가 다른 거예요.

③ **Wow**.
　　D

w 발음 제대로 해서 **Wow**. 하나 하더라도 제대로 해서 입을 최대한 아이에게 뽀뽀한다는 생각으로 오므렸다가 폈다가 다시 오므리세요.

④ **Yeah**, it's **cra**zy.
　　D　　d d　**D**

crazy. cra 발음은 c 다음에 r 발음이 힘을 주면서 바로 나오셔야 돼요. '크레이지' 이런 느낌이 아니라, '**크뤠**' 하면서 확 던지는 느낌이에요.
it's **cra**zy. dd D.

⑤ I **can't** be**lie**ve that **time** is **go**ing by **so fast**.
　 d **D**　　**D'**　　d　**D**　d **D'**　d **D'** **D**

I **can't** believe. '믿을 수가 없어.' can't에 훅! 소리가 나가고 들어오는 호흡에 believe 정확하게 소리 내줍니다. believe는 lie에 충분히 길게 강세 처리합니다. 그리고 that 이하 의미단위를 붙입니다.
that **time** is going by so **fast**. 우리 대표 문장입니다.

긴 문장은 이렇게 의미단위씩 나눠서 소리 연습하고 의미단위들이 편해졌다 싶으면 붙여봅니다. 중요한 것만 들리면 돼요.
I **can't** believe that **time** is going by so **fast**.

자, 이제 소리튜닝 반복 훈련을 시작해볼까요?

목표를
떠올리세요

원하는 목표가 있다? 영어를 잘 하고 싶다? 계속 생각을 해야 돼요.

우리가 보통 목표를 이루지 못하는 이유는 뭐라고 했죠? 까먹어서입니다. focus on it continuously.

🎧 MP3 파일 듣기

① How **old** is she **now**?

② She's gonna be **eight months**. **Yeah**.

③ **Wow**.

④ **Yeah**, it's **cra**zy.

⑤ I **can't** be**lie**ve that **time** is **go**ing by **so fast**.

> **TIP** 완전히 외울 때까지 발음하면서 Writing도 반복하세요!

훈련 체크 ☐☐☐☐☐☐☐☐☐☐

Part 4 한–영 훈련

①지금 그 애가 몇 살이죠?

②8개월 됐어요.

③와.

④네, 장난 아니죠.

⑤시간이 얼마나 빠른지 믿을 수가 없어요.

> **TIP** 소리튜닝 배운 대로 하루 동안 틈나는 대로 무한 반복해서 외우세요! 한글을 보면서 영어문장이 자동적으로 떠오를 때까지.

훈련 체크 ☐☐☐☐☐☐☐☐☐☐

I can't believe that

믿기지 않는다

많이 쓰는 표현이니 저널 써볼까요? 여러분이 믿을 수 없는 일들을 써보세요.

1. I can't believe that I didn't know that.
   (그걸 몰랐다니 믿을 수가 없어.)
2. I can't believe that Harry Potter is not real.
   (해리포터가 진짜가 아니라니 믿을 수가 없어.)
3. I can't believe that we did it.
   (이걸 우리가 했다니 못 믿겠어.)

4.

5.

What is your latest obsession?
최근에 푹 빠진 게 뭔가요?

영화배우 엠마 스톤이 2015년 7월 14일, 미국 TBS 〈코난 쇼〉에 등장했습니다. 그녀는 어떤 것에 잘 빠져버리는 스타일이라고 합니다. 코난이 묻죠. "요즘 뭐에 빠져 있나요?" K-Pop이라고 하네요. 2NE1의 노래를 추천하기도 했습니다.

Part 1 오늘의 예습 Today's Preview

🎧 MP3 파일 듣기

① What is your latest obsession?
② What's the thing
   you're obsessed with these days?
③ K-Pop.
④ Explain to those
   who don't know what K-pop is.

① 최근에 푹 빠진 게 뭔가요?
② 요즘 당신이 빠져 있는 게 뭐예요?
③ 케이팝이요.
④ 케이팝이 뭔지 모르는 분들에게 설명해줘요.

단어와 표현

* **latest** [daɪ **레**이리스트] 형용사: (가장) 최근의(최신의)
  명사: the latest, (비격식) (가장) 최근(최신식)의 것(소식)
* **obsess** [əb'ses 업**세**ㅆ] (어떤 생각이 마음을) 사로잡다, ~ 생각만 하게 하다
* **be obsessed with/by** 어떤 생각에 사로잡히다. 집착하다
* **obsession** [əbséʃən 업**세**션] 집착, 망상
* **these days** (과거와 비교해서) 요즘에는
* **explain** [ikspléin 익스**쁠**레인] 타동사: ~을 설명하다

① **What** is your **la**test ob**se**ssion?
　D　　d　d　　D'　　　　D

② **What**'s the **thing**
　D　　d　d　　D

　you're ob**se**ssed with these **days**?
　d　d　　　D　　d　　d　　D

③ **K-Pop**.
　D

④ Ex**plain** to **those**
　D　　d　D'

　who **don't know** what **K-pop** is.
　d　　D　　D'　　d　　D　d

Main Sentence

What is your **la**test ob**se**ssion?
　D　　d　d　　D'　　　　D

'요즘 빠져있는 건 뭐야? 요즘 뭐에 집착하니?'라는 뜻이죠.

① **What** is your **la**test ob**se**ssion?
　D　　d　d　　D'　　　　D

What is your은 D d d 리듬입니다. What에 훅! 나가고 들어오는 호

흡에 is your 처리해줍니다.

그다음 나오는 **la**test의 t에 강세가 없으니까 ㄷ이나 ㄹ 소리가 나오죠. 그래서 '**레**이리스트' 같이 소리를 내면 입이 편합니다.

ob**se**ssion. 이 소리는 조금 주의하실 필요가 있어요. 일단 강세는 se에 들어가요. 그들은 se에서 소리를 알아듣는 거예요. 그래서 이 소리를 귀에 훅 하고 상대 귀에 꽂아주세요. ob**se**ssion. d D d 이 리듬이죠.

소리규칙 **b나 p가 받침음으로 쓰일 때는 입을 다문다**

ob의 소리 규칙 알려드리도록 하겠습니다. 소리 규칙 중에 b나 p 소리가 받침으로 쓰일 때는 입을 다물어줍니다. subway의 sub에서 받침음으로 쓰였죠. 그럴 때 '서브' 해서 모음으로 처리하시면 안 되고, '썹' 하고 입을 다물어주세요. obsession도 어떻게 할까요? '어브'가 아니라 '업' 하고 입을 닫습니다. help라는 단어도 '헬' 이나 '헬프'가 아니라 '헬ㅍ'하는 느낌으로 입을 닫습니다.

What is your **la**test ob**se**ssion? 내용어가 붙어 있을 때 똑같은 세기로 힘을 주기가 힘들어요. 그럴 때는 하나만 힘 주셔도 괜찮습니다. latest ob**se**ssion 이렇게 해도 되고, **la**test obsession 이렇게 앞에 힘을 줘도 괜찮습니다.

연습 되셨으면 연결해볼게요.

What is your **la**test ob**se**ssion?

② **What**'s the **thing**
　　　 D　d　d　　D

you're ob**se**ssed with these **days**?
　d　d　　 D　　 d　 d　　 D

What's the **thing**까지 의미단위. 문장이 길 경우에는 의미단위씩 끊어서 각각 연습합니다. 여기까지 Dd d D 이 리듬이죠. thing에 th 음소단위 생각해서 혀를 이 사이로 뺐다가 안으로 넣으면서 무성음으로 소리 냅니다.

you're ob**se**ssed with. you're에 힘이 들어가지 않죠. se에 힘 들어가요. 리듬은 dd D d입니다. 기능어가 많아서 말을 빨리할 수가 있겠네요.

these **days**. days 정도만 훅! 던져줍니다. 그런데 여기서는 obsessed라는 단어가 these days보다 중요해서 내용어들 사이 힘 조절 해줍니다.

What's the thing you're ob**se**ssed with. thing은 살짝 줄인 것 느껴지세요? 왜냐하면 se에 힘 주려다 보니까 여기까지 힘줄 여력이 없는 거예요. 이런 식으로 조절하시는 거예요. 똑같이 힘주면 힘들고 어색해집니다.

What's the **thing** you're ob**se**ssed with these **days**?

③ **K-Pop**.
   D

K-Pop. k 음소단위 소리를 제대로 내줬어요. 배에 힘을 주면 k 소리가 커집니다. '크' 할 수도 있겠지만, 배에 힘 빡 줘서 k를 하기 위해 입천장 안쪽과 혀 안쪽이 힘있게 긁어지는 느낌을 살려줍니다. 엠마 스톤이 영상에서 k 소리를 제대로 들려줬네요.

④ Ex**plain** to **those** who **don't know** what **K-pop** is.
   D   d   D'   d   D   D'   d   D   d

Ex**plain** to those who. Explain과 those가 내용어죠. 영상에서는 두 단어 중 Explain에 좀 더 훅! 뱉어줬어요. 이때 those의 th는 돼지꼬리 소리[ð]여서 혀가 이빨 사이에 살짝 나오고 들어가면서 유성음 처리해줍니다. explain to someone은 '누군가에게 설명하다'라는 의미를 갖고 있습니다.

those who. '〜한 사람들'이라고 해석할 수 있습니다.
don't know. t 다음에 k 나오죠. don't에 t로 끝나고 k가 나오니까 어떻게 처리합니까? 훅 하고 끊어지죠. k가 묵음 처리되지만 그래도 또 n이 나오니까 자음인 건 맞아요. 그래서 끊어주셔야 돼요. 살짝 끊어지는 느낌이 있으시면 돼요.

what **K**-pop is. d D d.

연결해볼게요.
who **don't** know what **K**-pop is.

don't에 힘을 얼마큼 줄지는 여러분이 결정하시는 거예요. 코난은 **don't**에 그렇게 힘이 들어간 느낌은 없어요. **Explain**이랑 **K**-pop의 **K**에 힘이 엄청나게 들어가고 나머지는 빠르게 말한 느낌이죠.

Ex**plain** to those who **don't** know what **K**-pop is.

자, 이제 소리튜닝 반복 훈련을 시작해볼까요?

나아지지 않아도
오늘도 GO!

이제 입에 붙고 좀 편해진 느낌이신가요? 계속 반복적으로 하셨다면 '아마 굉장히 많이 늘었다, 나 좀 좋아진 것 같다'는 느낌이 올 거예요.

어떤 분은 '쉽다는데 나는 왜 이렇게 힘들지?'라고 여기실 수 있는데 문장이 단순한 것이지 듣기는 쉽지 않을 수도 있어요. 왜냐하면 토크쇼는 영화보다 듣고 이해하기가 더 힘들거든요. 어떻게 보면 영화나 미드로 공부하는 것보다 조금 더 상위일 수 있어요.

🎧 MP3 파일 듣기

① **What** is your **la**test ob**se**ssion?
② **What**'s the **thing**

you're ob**se**ssed with these **days**?
③ **K-Pop**.
④ Ex**plain** to **those**

who **don't know** what **K-pop** is.

TIP 완전히 외울 때까지 발음하면서 Writing도 반복하세요!

훈련 체크 ☐☐☐☐☐☐☐☐☐☐

Part 4 한–영 훈련

① 최근에 푹 빠진 게 뭔가요?
② 요즘 당신이 빠져 있는 게 뭐예요?
③ 케이팝이요.
④ 케이팝이 뭔지 모르는 분들에게 설명해줘요.

TIP 소리튜닝 배운 대로 하루 동안 틈나는 대로 무한 반복해서 외우세요! 한글을 보면서 영어 문장이 자동적으로 떠오를 때까지.

훈련 체크 ☐☐☐☐☐☐☐☐☐☐

be obsessed with

〜에 집착하다, 〜만 생각하다

> obsession의 동사형이죠. obsess라는 동사 자체만 쓰기보다 보통 전치사가 같이 나옵니다. 그래서 obsess about나 obsess over처럼 전치사가 뒤에 와요.
>
> obsess about, obsess over, be obsessed with/by.
>
> 차이가 있나요? 기본적으로 똑같이 쓰실 수가 있어요. 그런데 살짝 차이가 있다면 obsess over나 obsess about은 격식 있는 자리에서 많이 쓰이고, be obsessed with는 편하게 일상 회화에서 많이 쓰여서 아마 형태가 훨씬 익숙하실 거예요. 집착하는 대상은 뒤에 긍정적인 게 나올 수도 있고, 부정적인 게 나올 수도 있습니다.

1. Obsess about what you want.
   And focus on it continuously.
   (네가 원하는 것만 생각해. 그것에 계속 집중해라.)

2. Why are people so obsessed with money?
   (사람들은 왜 돈에 집착할까?)

3. The kids are obsessed with video games.
   (아이들은 비디오 게임에 빠져 있어.)

4.

5.

2018년 7월 12일, 〈코난 쇼〉에서 코난이 자신의 비서 소냐에게 새 차를 골라주려고 합니다. "우리가 같이 일한 게 벌써 몇 년인데, 차 사는 거 내가 도와줄게."라고 하는 장면입니다. 그런데 여기서 소냐의 반응이 재미있네요.

Part 1 오늘의 예습 Today's Preview

① I'd like to help you.

② Are you cool with me helping you?

③ I mean, yeah.

④ I'm sorry, do you not trust my judgement?

⑤ I question your judgement!

① 도와주고 싶어.

② 내가 도와줘도 괜찮아?

③ 저는, 네.

④ 잠깐, 너 내 판단력을 믿지 않는 거야?

⑤ 판단력을 의심하기는 하죠!

단어와 표현

＊cool [kuːl 쿠얼]
　① 시원한, 서늘한　② 차분한, 침착한　③ (비격식) 멋진, 끝내주는　④ (비격식) 좋아, 좋다
＊judgement [ˈdʒʌdʒmənt 저ㅈ먼트]　① 판단력　② 판단, 비판　③ 판결, 심판
＊question [ˈkwestʃən 쿠웨스천]
　명사: ① 질문, 의문　② 문제　③ 의심
　동사: ① 질문하다, 심문하다, 설문조사하다　② 의심하다, 이의를 제기하다

78

① I'd **like** to **help** you.
  dd D d D   d

② Are you **cool** with me **hel**ping you?
  d d D d d   D   d

③ I mean, **yeah**.
 d D'   D

④ I'm **sorry**, do you **not trust** my **ju**dgement?
 dd   D   d d D D d   D

⑤ I **ques**tion your **ju**dgement!
 d   D   d   D

Main Sentence

Are you **cool** with me **hel**ping you?
 d   d   D   d   d   D   d

<u>Are you **cool** with me.</u> d d D d d. 바로 연결이 돼요. cool의 음소는 'c + oo[uː] + dark l' 조합입니다. 이 단어는 그냥 '쿨'이라는 소리가 아니라 앞의 음소단위 조합으로 소리가 나와요. 이때 oo는 'moon' 할 때처럼 불만 있듯이 입을 내밀면서 '우～' 길게 소리를 냅니다.

그리고 dark l은 혀 안쪽을 목구멍 쪽으로 당기듯 '얼'이라는 느낌입니다. 이걸 조합하면 [쿠ː얼]입니다.

<u>Are you **cool** with me **hel**ping.</u>

helping 소리를 낼 때 p에 된소리가 나왔어요. 왜냐하면 p에 강세가 없을 때는 된소리가 나오는 규칙 때문입니다. 그런데 help만 있을 때는 '헬쁘' 하지 않습니다. 그냥 '헬ㅍ' 하듯이 된소리가 안 나와요. help에 ing로 연결되기 때문에 된소리 규칙이 적용된 거예요. 대단한 규칙은 아니에요. 말할 때 편하니까 그렇게 하는 거죠.

마찬가지로 만약 help in이라는 문장이 있다면, 소리를 낼 때는 자음 뒤에 모음이 와서 붙어서 소리를 내죠. 'helpin' 이렇게요. 이럴 때도, '헬삔' 이렇게 된소리가 나옵니다.

TIP 'Are you cool?'과 'Are you ok?'

"(이렇게 해도) 괜찮니?" 같이 쓸 수 있는 말을 할 때는 ok보다 cool을 쓰는 것이 조금 더 친한 느낌을 줄 수 있습니다. are you cool은 친구나 좀 더 편한 사람에게 쓰곤 합니다.

소리규칙 내용어 처리는 한숨 쉬듯 한다

내용어 처리는 그냥 소리를 빡 지르는 게 아니에요. 오히려 땅이 꺼져라 한숨 쉬듯 훅! 하고 내뱉는 느낌이에요. 그래서 목에 무리가 가지 않습니다.

---

① I'd **like** to **help** you.
　 dd　**D**　d　**D**　d

I'd **like** to **help** you. dd D d D d 리듬입니다.

would **like** to는 want와 같이 '~하고 싶다.'라는 뜻입니다. 이런 단어가 쉬워보여도 내 입에서 편하게 잘 안 나온다면, 내 단어가 아직 아닌 거예요. to 다음에 나오는 동사를 바꿔가며 연습합니다.

I'd like to talk you. I'd like to see you.

I'd like to ask you a favor. I'd like to check in.

이렇게 아는 쉬운 단어로 바꿔서 연습해보세요.

② Are you **cool** with me **hel**ping you?
  d   d   **D**   d   d   **D**   d

이 문장에서 **cool, help**가 제일 중요하죠. 영어는 효율 언어라고 말씀드렸어요. 두 개만 들어도 대충 내용 파악이 됩니다.

③ I mean, **yeah**.
  d   **D'**   **D**

'내가 너 좀 도와줘도 괜찮아?'라고 코난이 물어봤어요. 보통 비서라면 '당연하죠, 감사합니다.' 이랬을 텐데 소냐는 아니에요. '싫은데.' '그러던지.' 약간 이런 느낌의 표정을 배우셔야 해요.

④ I'm **sorry**, do you **not trust** my **ju**dgement?
  d d **D**   d   d   **D**   **D**   d   **D**

코난이 눈치챘어요. '뭔데, 이 상황? 내가 잘못 들었나? 내가 지금 도와준다는데 너 뭐니?' 이런 느낌으로 말해주세요.

I'm **so**rry. dd D.

<u>do you</u> **not trust**에서 **not**과 **trust** 둘 다 내용어라서 기본적으로 둘 중 어디에 던져도 상관없습니다. 뉘앙스의 차이만 있을 뿐입니다. 또한 t가 겹치기 때문에 하나가 빠질 수 있어요. 그래서 연음 처리도 가능합니다. 그런데 코난은 이 두 단어를 너무 강조하고 싶었던 거예요. 그래서 두 단어 모두 훅! 훅! 끊어서 던져줬습니다. **trust.** tr 입모양은 '츄' 라는 느낌으로 소리 내줍니다.

<u>my</u>에서 소리 들어갔다가 다시 **ju**dgement에서 훅! 뱉어줍니다. **ju**dgement 자체는 D d 리듬입니다. dg는 j 소리가 납니다.

j 소리는요. ch와 쌍이 되는 소리입니다. ch 입모양 기억나세요? 입모양은 입술을 오리처럼 뒤집어 까서 이가 6개 정도 균등하게 보이게 해주세요. 혀는 t 소리에 위치시킨다고 했죠. 이걸 치경이라고 해요. 톡 튀어나온 부분에 혀의 앞부분을 댄 상태에서 서로 힘 겨루는 느낌으로 밀다가 터져 줍니다. 여기에 j는 유성음이라서 소리만 들어가면 돼요.

⑤ I **ques**tion your **ju**dgement!
   d   **D**   d   **D**

I **ques**tion your **ju**dgement. 간단한 리듬입니다. d D d D. 앞뒤로 왔다 갔다 하면서 리듬을 타보세요. 리듬을 타면서 호흡이 끊어지지 않게 연결해주는 연습이 가장 중요합니다.

qu 소리는 항상 '쿠'로 시작하면 됩니다.
question [쿠웨스쳔] / quiz [쿠위즈] / queen [쿠윈]

소냐도 한술 더 뜨죠. 안 믿어. 나는 너의 판단력에 의문이 들어. 그러면서 뒤에 재미있는 영상이 나와요. '내가 널 뽑았는데? 내 판단력을 안 믿는다고?' 그랬더니 소냐가 '그러니까 안 믿어.' 하고 얘기를 하는 거예요. 재미있죠?

자, 이제 소리튜닝 반복 훈련을 시작해볼까요?

100일 동안 훈련해서
좋은 소리가 체화되도록!

소리튜닝 연습을 아무리 해도 평소에 영어를 할 때 적용이 안 되실 수 있어요. 그건 아직 전부 힘을 줘서 말하는 게 편해서 그런 거예요. '이게 좋은 소리고 너한테 편한 소리야.'라는 걸 체화시켜줘야 돼요.

그러려면 어떻게 해야 될까요? 훈련을 할 수밖에 없어요, 계속. 그래서 100일 정도는 훈련을 하라고 하는 거예요. 편하게 느낄 때까지.

🎧 MP3 파일 듣기

① I'd **like** to **help** you.

② Are you **cool** with me **hel**ping you?

③ I mean, **yeah**.

④ I'm **sorry**, do you **not trust** my **ju**dgement?

⑤ I **ques**tion your **ju**dgement!

TIP 완전히 외울 때까지 발음하면서 Writing도 반복하세요!

훈련 체크 ☐☐☐☐☐☐☐☐☐☐

Part 4 한–영 훈련

① 도와주고 싶어.

② 내가 도와줘도 괜찮아?

③ 저는, 네.

④ 잠깐, 너 내 판단력을 믿지 않는 거야?

⑤ 판단력을 의심하기는 하죠!

TIP 소리튜닝 배운 대로 하루 동안 틈나는 대로 무한 반복해서 외우세요! 한글을 보면서 영어문장이 자동적으로 떠오를 때까지.

훈련 체크 ☐☐☐☐☐☐☐☐☐☐

be cool with

어떤 상황이나 제안을 받아들이는 것이 기쁘다
to be happy to accept a situation or suggestion
be cool = be ok = be fine

1. A: Would you be cool with dropping by post office?
   (우체국에 들러도 괜찮을까?)

   B: Sure, no problem.
   (당연하지.)

2. I am cool with that!
   (난 그거 괜찮아!)

3. I thought you would be cool with that.
   (난 네가 그게 괜찮은 줄 알았지.)

4.

5.

36일부터 42일까지 끝내셨습니다. 반복연습 계속해오셨나요?
복습해봅시다! 다음 한글 표현에 맞게 영어문장을 떠올리고 소리튜닝하
여 발음해보세요!

DAY 36

① 근데 RM, 사실 당신 영어로 말할 줄 알잖아요. 그렇죠?
② 네.
③ 꽤 잘하잖아요. 영어를 독학했나요?
④ 네, 저… 저는 영어 독학했어요.

DAY 37

① 무엇보다 우리 이름이 같잖아요.
② 지미!
③ 미안해요! 내가 최애를 뽑은 건 아니에요.
④ 우린 이해해요!
⑤ 아뇨, 난 최애가 없어요.
⑥ 당신 정말 귀여워요.

DAY 38

① 우리 동행이 있네.
② 박쥐, 박쥐, 박쥐.
③ 멍청한 박쥐 같으니라고, 데이트를 망치고 있잖아!
④ 음. 저기 약간 스포일러 주의가 있네요.

DAY 39

① 보기 좋아 보여요. 출산한 지 얼마 안 되셨잖아요.

② 그렇죠.

③ 도대체 어떻게… 가능한지 모르겠어요.

④ 저는 방법을 알죠.

⑤ 원하시면 조금 이따가 설명해드릴게요.

⑥ 아니, 그런 뜻이 아니에요.

DAY 40

① 지금 그 애가 몇 살이죠?

② 8개월 됐어요.

③ 와.

④ 네, 장난 아니죠.

⑤ 시간이 얼마나 빠른지 믿을 수가 없어요.

DAY 41

① 최근에 푹 빠진 게 뭔가요?

② 요즘 당신이 빠져 있는 게 뭐예요?

③ 케이팝이요.

④ 케이팝이 뭔지 모르는 분들에게 설명해줘요.

DAY 42

① 도와주고 싶어.

② 내가 도와줘도 괜찮아?

③ 저는, 네.

④ 잠깐, 너 내 판단력을 믿지 않는 거야?

⑤ 판단력을 의심하기는 하죠!

갓주아의 6주차 소리튜닝 특강
– 당신의 소리튜닝 훈련 유형은?

영어 소리튜닝의 실력향상은 사람마다 정도의 차이가 있습니다. 여기까지 하시고 "조금 잘 들리는 것 같아요. 뭔가 좀 따라 할 수 있을 것 같아요!" 하시는 분도 있고, "아직 모르겠어요, 아직도 안 들려요!" 하시는 분도 있을 겁니다. 사람마다 소리튜닝의 속도가 다르고, 득음의 시기도 다 다릅니다.

그럼에도 불구하고 좀 더 빨리 적응하는 요령이 있다면 자신의 유형을 파악하는 겁니다. 대부분의 사람은 오감이 보통 골고루 발달합니다. 하지만 사람마다 조금씩 더 발달된 감각이 있습니다. 어떤 사람들은 한 감각이 극단적으로 훨씬 더 발달하기도 합니다. '시각형', '체각형', '청각형' 가운데서 여러분이 어떤 유형인지 아셔야 합니다. 거기에 따라 소리튜닝 훈련 방식이 조금씩 다를 수 있기 때문입니다.

"저는 미드를 쉐도잉(shadowing)하면서 100번 듣고 100번 따라 했어요. 그래서 영어천재가 되었답니다. 여러분도 저를 따라 해보세요."

이런 팁이 가장 적합한 유형은 청각형의 사람들입니다. "이 소리를 한번 따라 해보세요! 이게 r 소리예요!" 이 말을 듣고 그대로 따라 할 수 있는 사람은 청각형입니다. 청각형 인간들은 귀로 듣고 뭔가 따라하는 것에 대해 굉장히 익숙합니다. 그래서 영어를 잘하는 사람들은 귀가 발달한 청각형들이 많습니다.

체각형이나 시각형 분들은 보통 자기의 소리를 깨닫지 못합니다. 문장에서 어디에 힘이 들어갔고 들어가지 않았는지 제대로 못 알아듣습니다.

사실 영어에 스트레스가 많은 분들. 상당히 열심히 했고, 시험 영어에서는 강한데 유독 리스닝, 스피킹에서 결과가 잘 안 나오시는 분들은 특히 시각형일 가능성이 굉장히 큽니다. 그러면 시각형 혹은 체각형인 분들은 어떻게 공부해야 좋을까요?

시각형의 경우에는 구조적으로 분석해야 합니다. 혀는 어디에 위치하는지, 이는 어떻게 두는지 그림이나 글을 보고 분석합니다. 위치를 표시하는 것도 좋습니다.

체각형의 경우에는 반드시 몸을 움직이셔야 합니다. 영어 소리튜닝을 할 때 몸을 움직이셔서, 어디에 힘이 들어갔을 때 몸은 어떻게 움직이는지 나름의 규칙을 파악하고 몸에 배도록 하셔야 합니다.

그렇다고 '나는 청각이 발달하지 않아서 외국어가 힘들겠다!' 하고 좌절할 필요는 없습니다. 방법을 달리하면 되기 때문입니다. 이 책의 공부 방식은 이 세 유형 모두에게 효과가 있을 수 있습니다. 즉 눈도 이용하고, 귀도 이용하고 몸도 움직여주는 것입니다. 이렇게 하면 어떤 유형이든 반드시 효과를 보게 됩니다. 그리고 발달되지 않은 감각들도 계속 훈련하면 발달합니다.

당신이 어떤 유형이든 자신감을 갖고 소리튜닝에 도전하세요!

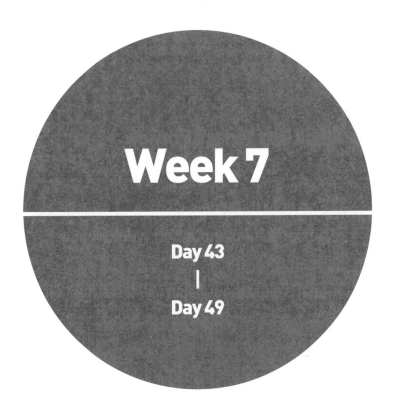

Week 7

Day 43
—
Day 49

I believe in myself and my abilities.
나는 나 자신과 내 능력을 믿는다

Day 43
대표문장

That's okay though, isn't it?
그래도 괜찮은 거죠, 그렇죠?

2016년 5월 25일, 제임스 코든이 진행하는 미국 CBS의 토크쇼 〈더 레이트 레이트 쇼(The Late Late Show)〉에 영화배우 앤 해서웨이가 출연했습니다. 아이를 낳고 정말 얼마 되지 않았던 때인데, 출산할 때 한 가지 문제가 있었다고 하네요.

Part 1 오늘의 예습 Today's Preview

🎧 MP3 파일 듣기

① The only thing was
   he came two and a half weeks early.

② Really?

③ That's okay though, isn't it? It's alright? It's okay?

④ Two-and-a half weeks is good.

⑤ You're still totally safe.

① 한 가지 문제는 그 애가 2주 반 정도 일찍 나왔다는 거예요.

② 진짜로요?

③ 그래도 괜찮은 거죠, 그렇죠? 괜찮죠? 괜찮을 텐데?

④ 2주 반 정도면 괜찮죠.

⑤ 여전히 안전해요.

단어와 표현

* **though** [ðoʊ **도**우] 접속사: (비록) ~이긴 하지만   부사: 그래도
* **week** [wiːk **위**~ㅋ] ① 주, 일주일(한 주간) ② 일주일(7일의 기간)
* **totally** [tóutəli **토**우럴리] 부사: 완전히, 전적으로
* **safe** [seɪf **세**잎] ① 안전한 ② 무사한
* **half** [hæf **해**ㅍ] 명사: 반, 절반   형용사: 절반의, 2분의 1의   부사: 절반, 반쯤

① The **only thing** was
　 d　　D　　D'　　d

　 he **came two** and a **half weeks early**.
　 d　　D　　D'　 d　d　D　　 D'　　　D

② **Really**?
　　 D

③ **That**'s o**kay though**, **isn**'t it?
　 D'　d　 D　　　 D'　　　 D　d

　 It's al**right**? It's o**kay**?
　 d d　　 D　　　 d d　　 D

④ **Two**-and-a **half weeks** is **good**.
　 D　　 d　 d　D　　 D'　 d　D

⑤ You're **still tot**ally **safe**.
　 d　 d　 D'　　 D　　 D'

Main Sentence

That's o**kay though**, **isn**'t it?
　 D'　d　 D　　　 D'　　　 D　d

---

though는 접속사로서 '～이지만'이란 뜻으로 문장과 문장을 이어주기도 하지만 지금처럼 문장 끝에 부사로서 '그래도, 그렇지만' 정도로 해석됩니다.
That's o**kay** thought. 리듬 한번 가보도록 하겠습니다.

That's o**kay**. That 지시사이기 때문에 기본적으로 내용어 가능하고요. 그다음에 okay 는 '외! 케! 이!' 아니고 d D 리듬으로 **kay**에서 훅 던져줍니다. that, okay, though 다 내용어이지만 이 문장에서 뱉어주는 단어는 okay입니다.

That's o**kay** though. okay에서 훅 던지고 돌아오는 소리에 though 처리해 주되 내용어이므로 정확한 소리를 내줍니다.

① The **only thing** was
    d   **D**   **D'**   d

he **came two** and a **half weeks early**.
d **D**   **D'**   d d **D**   **D'**   **D**

긴 문장은 먼저 의미단위씩 나눠서 연습합니다.

The **only thing** was. 이 문장에서 only와 thing 둘 다 내용어입니다. 보통 only는 뜻 자체가 '오직, 유일한'입니다. 이건 강조를 하려고 쓰는 단어입니다. 그래서 다른 내용어들과 같이 나오면 이 단어는 보통 힘이 더 들어갑니다. d D D' d.

TIP   only 발음

only 발음을 힘들어하시는 분들이 많아서 설명을 해볼게요. 한국어처럼 소리가 나오면 '온니' 이렇게 정직한 느낌이 나옵니다. 일단 발음 기호를 보면 [óunli]입니다. o는 '오'가 아니라 '오우' 발음입니다. n은 혀를 치경 쪽, 톡 튀어나온 부분에 위치시키죠. 그다음에 l 소리를 내려면 이와 잇몸의 경계부분 즉, 잇몸이 시작하는 부분에 혀를 대야 하죠. 그래서 혀가 n을 위해 치경 쪽에 있다가 l을 위해 점점 앞으로 밀면서 나옵니다.

한국어는 혀의 이용이 거의 없어요. 그래서 혀가 힘이 많이 풀려 있고, 굳어 있어요. 그에 비해 영어는 이렇게 디테일한 움직임이 필요하거든요. 혀도 근육이겠죠? 많이 써주셔야 해요. 어려우시면 '온니' 이렇게만 안 하시면 돼요. 대신 '오운리' 이 정도만 해주세요.

---

he **came** two and a **half** weeks **early**.

he **came**. d D. he가 came한테 달려간다는 생각으로 리듬 살려줍니다.
two and a **half**. '2 그리고 절반 데'라는 뜻이죠. 직역하면 이렇게 해석이 되죠.
이런 단어들은 마치 한 단어처럼 나오게 합니다. 그래서 마치 'twoandahalf'라는
단어의 2강세가 two이고 1강세가 half인 것처럼 한 단어로 처리해줍니다.

two and a **half** weeks **early**.
half에 훅! 던져주고 돌아오는 반동 소리에 weeks를 정확한 소리로 처리합니다.
그리고 다시 early하고 훅! 던져주세요.

자, 이제 전체 문장 해보겠습니다.
The **only** thing was he **came** two and a **half** weeks **early**.

만약에 이렇게 한 호흡으로 하시는 게 힘드시다면, 의미단위마다 끊어서 마치 다음
의미단위 생각하듯이 말해도 됩니다. 속도에는 너무 집착하지 마세요.

> **TIP** **'아이가 2주 늦게 / 빠르게 태어났다'**
> '아이가 2주 늦게 / 빠르게 태어났다.'라는 말을 할 때 쓰는 표현이 came two weeks late /
> early입니다. 기억해두시면 좋겠죠?

② **Really**?
   D

Really? r 장착해서 훅 하고 나오죠. r 할 때는 항상 '우' 했다가 가는 느낌이라고
했어요. '(우)really' 이렇게 상대에게 '우'가 들릴 정도로 하는 게 아니라 나만 느끼
는 거예요.

③ **That**'s o**kay though**, **isn**'t it? It's al**right**? It's o**kay**?
   D' d D   D'   D d d D   d d D

'Really?' 하고 놀란 후에 생각해보니 별일이 아닌 거죠. 2주 반 일찍 나오는 건 굉장히 흔한 일이니까요.

That's o**kay** though, **isn**'t it? 대표문장 나왔어요. '그거 별거 아닌 거지? 괜찮잖아?' 그러면서 계속 이런 투로 물어보는 거예요. '그렇잖아? 그렇지? 그럴 텐데?' 내가 이미 확신을 가지고서 상대의 동의를 구하는 느낌이죠.
though의 th는 돼지꼬리 소리[ð]이고 gh는 묵음입니다. 그래서 [ðou] 소리 자체는 이렇게 심플합니다.
It's al**right**? It's o**kay**? 이 두 문장 모두 dd D 리듬입니다. 보통 내가 많이 썼던 소리는 배운 발성 호흡과 상관없이 편한 소리가 나오려고 합니다. 항상 주의해주세요!

That's **okay** though, **isn**'t it? It's al**right**? It's o**kay**?

④ **Two**-and-a **half weeks** is **good**.
   D   d d D   D' d D

'2주 반은 완전 껌이지.' 이런 느낌의 말투로 얘기했죠. Two에 굉장히 힘을 줬어요.

Two-and-a **half** 역시 한 단어 처리해줍니다.
weeks is는 자음 + 모음이므로 weeksis 이렇게 이어서 소리 냅니다.
그다음 **good**에서 훅! 던져줍니다.

Two-and-a **half** weeks is **good**.

음소단위 oo

음소단위 oo가 포함되어 있는 단어들이 많이 있죠. oo 소리는 주의하셔야 됩니다. 소리가 두 개가 나올 수 있어요. 첫 번째 소리는 보통 moon 할 때 내는 소리입니다. 사전을 찾아보시면 u에 장모음 표시[uː]가 되어 있어요. 굉장히 길게 내고, 입모양은 '우' 이렇게 왔죠. 그냥 길게 '우우' 하기만 하면 되죠. 그에 비해서 두 번째 소리가 살짝 까다로울 수 있어요. 사전을 찾아보시면 말발굽 표시[ʊ]로 되어 있습니다. good 소리가 바로 말발굽이거든요.

moon할 때 입술을 너무 오므려서 공간이 없었던 과는 다르게 말발굽 소리는 입모양을 손가락 하나 들어갈 정도 공간을 두세요. 입술은 약간 뒤집어 까고 그 상태에서 '으' 한다는 느낌이에요. 되게 어색한 미소입니다. 무엇보다 이 소리는 길이가 짧습니다. book도 '부우욱' 안하고 '브으ㅋ' 정도죠. push도 말발굽 소리를 씁니다. '푸우쉬'가 아니죠. good도 한국어로 정확하게 쓰려고 하면 '굳'이 아니라 '긋'이 됩니다.

⑤ You're **still tot**ally **safe**.
    d   **d** **D'**   **D**   **D'**

<u>You are</u>은 기능어 처리. 점점 줄이세요. You're.

<u>You're still.</u> 그 다음에 t 발음 **tot**ally 해볼게요. t로 나오고요. 그 다음에 뒤에 나오는 강세가 없는 t는 보통 ㄷ이나 ㄹ 소리가 납니다.

<u>You're still **tot**ally safe.</u> 물론 safe도 내용어지만 totally에 훅! 뱉어주고 반동으로 올라오는 소리에 safe 처리합니다.

자, 이제 소리튜닝 반복 훈련을 시작해볼까요?

① The **only thing** was

he **came two** and a **half weeks early**.

② **Really**?

③ **That**'s o**kay though**, **isn**'t it? It's al**right**? It's o**kay**?

④ **Two**-and-a **half weeks** is **good**.

⑤ You're **still tot**ally **safe**.

> **TIP** 완전히 외울 때까지 발음하면서 Writing도 반복하세요!

훈련 체크 □□□□□□□□□

Part 4 한-영 훈련

①한 가지 문제는 그 애가 2주 반 정도 일찍 나왔다는 거예요.

②진짜로요?

③그래도 괜찮은 거죠, 그렇죠? 괜찮죠? 괜찮을 텐데?

④2주 반 정도면 괜찮죠.

⑤여전히 안전해요.

훈련 체크 □□□□□□□□□

though

그래도, 〜하지만

> 보통 앞에 한 말과 반대되는 말을 할 때 사용합니다. 이때는 although 같은
> 접속사의 역할을 할 때입니다. 이번 문장처럼 문장 끝에 붙을 때는 부사의 역할
> 입니다. 역시 반대의 말을 할 때인데 조금 더 강조의 느낌이 있습니다.

1. This is long. That's okay, though.
   (이거 길어. 그래도 괜찮아.)

2. It's hard work. I enjoy it, though.
   (어려운 일인데, 그래도 즐거워.)

3. It's nice. I don't like the color, though.
   (그거 좋아. 색깔은 좋아하지 않지만.)

4. A: My bag is really nice!
   (내 가방 너무 좋아!)

   B: Yeah! it's costly though!
   (그래! 그래도 비싸!)

5.

Day 44
대표문장
You guys were absolutely killing it
여러분 정말 끝내줬어요

2014년 1월 7일, 〈엘렌 드제너러스 쇼〉에 영화배우 레오나르도 디카프리오가 출연했습니다. 영화 영상을 보여주면서 방청객들과 같이 춤을 췄습니다. 그런 흥겨운 분위기에서 레오가 방청객들에게 말을 하는 겁니다.

Part 1 오늘의 예습 Today's Preview

🎧 MP3 파일 듣기

① First off, I gotta say.
② I saw some of you guys dancing there,
③ and you guys were absolutely killing it.
④ Yeah!
⑤ Congratulations. Pretty awesome.

① 우선, 이걸 말해야겠어요.
② 몇 분이 거기서 춤추는 걸 봤는데,
③ 여러분 정말 끝내줬어요.
④ 네!
⑤ 축하드립니다. 정말 멋졌어요.

단어와 표현

* **first off** 우선, 먼저
* **absolutely** [ˈæbsəluːtli **앱**설룻리]
  ① 전적으로, 틀림없이 ② 전혀 ③ 극도로, 광장히 ④ 그럼, 물론이지
* **kill** [kɪl **키**일] ① 죽이다, 목숨을 빼앗다 ② 끝장내다
* **awesome** [ɔːsəm **어**썸] a 멋진, 근사한, 끝내주는

① **First** off, I gotta **say**.
  D   d   d   d   D

② I **saw** some of you **guys dan**cing **there**,
 d D   d   d   d   D   D   D'

③ and you **guys** were **ab**solutely **kil**ling it.
 d   d   D   d   D   D d

④ **Yeah**!
  D

⑤ Con**gra**tu**la**tions. Pretty **awe**some.
       D   d   D

Main Sentence

You **guys** were **ab**solutely **kil**ling it.
d D   d   D   D d

<u>kill it.</u> 너무 많이 쓸 수 있는 표현이에요. 꼭 기억을 해두세요. 말 그대로 직역하면 무슨 뜻이죠? '죽이다.' 누가 뭔가를 잘하면 "너 죽인다." 그러죠. 그런 표현으로 쓸 수 있어요. "죽이네, 끝내줬어."

① **First** off, I gotta **say**.
  D   d   d   d   D

First off. D d 리듬입니다. 그리고 t로 끝나고 o로 시작하는 구조입니다. 이어서 소리 냅니다. 강세가 fir에 있는 하나의 단어 'firstoff'라고 생각하고 소리 내주세요. t는 강세가 없으니 ㄷ이나 ㄹ 소리가 나옵니다.

<u>I gotta **say**</u>. d d d D. 이 리듬이죠. 여기도 한 단어처럼 나오셔야 됩니다. 마치 광장히 긴 단어가 뒤에 강세가 있다고 생각하고 말씀을 하시는 거예요. gotta 역시 t이니까 강세 없으니 ㄷ이나 ㄹ 소리 내주면 입에서 편해집니다.

TIP 한 의미단위는 한 단어라고 생각하기

영어가 익숙하지 않은 분들의 특징이 뭐냐면 한 문장 내에서 호흡이 광장히 많습니다. I / got / to / say. 호흡이 많죠? 한 의미단위는 마치 한 단어라고 생각하고 소리 내는 연습을 해주세요. 우리는 한 단어를 여러 번 쉬면서 소리 안 내잖아요. 아주 중요한 포인트예요. 대신 의미단위 사이에서는 조금 쉬어도 괜찮습니다. 생각하는 구간처럼 느껴져요. 물론 그런 생각의 버퍼링에 'you know. um. well. and um…' 이런 필러가 오면 음이 끊어지지 않습니다.

TIP have to → have got to → got to

got to는 '해야만 한다.', 즉 have to의 의미를 가지고 있습니다. have 대신에 have got을 쓸 수 있어요. 이것도 역시 해야만 한다는 뜻으로 쓰일 수 있습니다. 왜 have를 쓰나요? 아무 의미 없습니다. 그냥 말버릇이에요. 원래 have to인데 거기에 그냥 got이 붙어서 have got to가 된 거죠. 그런데 have가 생략되고 got to만으로도 많이 쓰입니다. got to는 광장히 빠르게 gotta. '가러' 이렇게 많이 말합니다. 나 지금 가야 돼. I got to go. I have to go. 둘 다 할 수 있지만 have to가 격식체라면, get to가 좀 더 일상생활에서 많이 쓰입니다.

---

② I **saw** some of you **guys dan**cing **there**,
 d D d d d D D D'

<u>I **saw** some of **guys**</u>. d D d d D. guy에 살짝 힘이 들어가는데 뒤에 나오는 dancing에 훅! 던지기 위해서 guys에 살짝만 던져줬어요.

<u>I **saw** some of **guys dan**cing there.</u>

aw 음소단위는 하나의 음소단위예요. '오우'로 발음하지 않아요. 하나의 음소단위로 발음이 됩니다. 보통 발음 기호를 보면 [ɔ]로 표시되어 있습니다. 이 소리는 father할 때 a보다는 턱이 조금 더 툭 떨어진다고 생각하시면 돼요. 그 상태에서 입술은 내밀어주는 느낌이 있어요. 입술 모양은 그렇게까지 신경 안 쓰셔도 됩니다. 턱을 약간 더 내린다고 생각하고 하시면 될 것 같습니다.

③ and you **guys** were **ab**solutely **kil**ling it.
    d   d   **D**   d   **D**   **D**   d

대표문장이 나옵니다.

<u>and you **guys** were</u>. d d D d. 이 리듬 연습 먼저 하고, 문장 넣어볼게요. 여기까지 편해졌으면, 이제 absolutely에서 훅! 하고 던져줍니다.

absolutely. '앱솔루틀리' 이렇게 하나하나 또박또박 소리 내지 않습니다. 여기서 a는 apple의 큰 a입니다. 그래서 입을 최대한 크게 벌리세요. a 다음 나오는 b는 받침음일 때는 입을 다물어요. 그래서 ab를 '에브'가 아니라 '앱' 이렇게 소리 냅니다. 여기에 강세가 찍혔기 때문에 조금 길게 훅! 뱉어주고, 돌아오는 소리에 뒤에 소리 빠르게 처리해주세요.

t 다음에 자음이 올 경우에는 스탑 사운드가 됩니다. 스펠링 기준이 아니라 발음기호 기준이에요. [ˈæbsəluːtli] t 다음에 e가 아니라 l입니다. 자음이 온 거죠. lute / ly. 그래서 소리를 낼 때, '루틀리'가 아니라 '룻리' 이런 느낌으로 소리 내주세요.

소리규칙 t 다음에 자음이 올 경우에는 스탑 사운드가 된다

단어 중에 tely로 끝나는 부사가 굉장히 많죠. 끊어지는 느낌 연습해봅니다.

definitely : definite / ly

exactly : exact / ly

immediately : immediat / ly

④ **Yeah**!
   D

앨렌이 **Yeah**! 합니다. '정말 끝내줬지!' 앞 말에 대한 동의가 되겠죠.

⑤ Con**gra**tu**la**tions. Pretty **awe**some.
      D   **d**   **D**

<u>Congratu**la**tions.</u> 이렇게 긴 단어는 보통 1강세와 2강세가 있어요. congratulation의 1강세는 la이고 ra가 2강세입니다. 훅! 하고 뱉는 소리는 1강세입니다. 2강세는 1강세처럼 훅! 크게 뱉지는 않지만 절대 '슈와' 처리하지 않습니다. 충분한 리듬 길이와 정확한 소리를 들려줍니다.

> **TIP**   **단어의 1강세와 2강세**
>
> congratulation처럼 긴 단어에서는 하나만 힘을 주면 발음이 잘 안 들릴 수가 있겠죠. 그래서 1강세와 2강세가 있습니다. 사전에서는 보통 이렇게 표기되어 있습니다. [kənˌgrætʃuˈleɪʃn] 2 강세는 아래 콤마, 1강세는 위에 콤마로 표기됩니다.

<u>pretty **awe**some.</u> pretty는 부사일 때, 형용사를 꾸며서 '꽤'라는 뜻입니다. 소리에 힘이 들어가지 않고, 보통 빠르게 처리합니다. pretty의 t는 강세가 없는 t이므로 ㄷ이나 ㄹ 소리를 내주세요.
awesome은 saw에서 배웠던 aw 음소단위가 또 나왔어요. 발음기호로는 [ɔ] 소리입니다. awe에서 훅! 조금 길게 뱉고, 들어오는 소리에 some 처리할게요.

자, 이제 소리튜닝 반복 훈련을 시작해볼까요?

한 문장 말고,
다이얼로그를 통째로 기억해요!

왜 이 책에서 왜 한꺼번에 4문장, 5문장씩 하는지 아세요?
보통 책들을 보면 한 문장만 있잖아요. 그런데 그 문장이 어떤 뉘앙스인
지, 그래서 그 뒤의 대답은 어떻게 하는 건지, 그 앞은 어떤 말이 있었는
지가 없어요. 그냥 그 문장만 있어요. 그러면 어떤 상황에서 써야 하는지
감이 안 잡힐 수 있어요. 그래서 이렇게 뭉텅이의 다이얼로그로 기억해
두는 게 좋습니다.

Part 3   소리 반복훈련

① **First** off, I gotta **say**.

② I **saw** some of you **guys dan**cing **there**,

③ and you **guys** were **ab**solutely **kil**ling it.

④ **Yeah**!

⑤ Con**gra**tu**la**tions. Pretty **awe**some.

> **TIP**   완전히 외울 때까지 발음하면서 Writing도 반복하세요!

훈련 체크   ☐☐☐☐☐☐☐☐☐☐

Part 4   한-영 훈련

① 우선, 이걸 말해야겠어요.

② 몇 분이 거기서 춤추는 걸 봤는데,

③ 여러분 정말 끝내줬어요.

④ 네!

⑤ 축하드립니다. 정말 멋졌어요.

> **TIP**   소리튜닝 배운 대로 하루 동안 틈나는 대로 무한 반복해서 외우세요! 한글을 보면서 영
> 어문장이 자동적으로 떠오를 때까지.

훈련 체크   ☐☐☐☐☐☐☐☐☐☐

kill it

끝내주네! 죽인다! 끝내라

우리나라 표현으로도 '죽여버려! 죽인다' 이런 표현이 있잖아요! 딱 그 표현이에요. 누군가를 칭찬해줄 때 쓸 수도 있습니다. 누군가를 응원해줄 때도 역시 쓰일 수 있습니다. 예를 들어 누가 시험을 보러 간다거나, 프레젠테이션을 하러 간다거나, 시합을 나간다거나 할 때 쓸 수 있어요. 혹은 술자리에서 누가 미적거리고 있을 때 "좀 끝내라." 할 때 쓸 수 있습니다. 원래 한국어로도 '끝내! 끝내주네! 죽인다'라는 표현은 참 여러 상황에서 쓸 수 있잖아요.

1. Kill it! Show them who's boss!
   (잘하고 와! 누가 보스인지 보여줘!)

   * 상대를 응원할 때 좋아요!

2. My brother kills it on drums.
   (우리 오빠가 드럼 치는 거 끝내줘.)

3. A: Hey, how was your test?
   (야! 테스트 어땠어?)

   B: Killed it!
   (끝내줬지! 완전 잘했지!)

4.

5.

Day 45
대표문장
I just wanna get a cup of coffee
그냥 커피 한 잔 하고 싶어

2018년 4월 14일, 〈코난 쇼〉에 코난 오브라이언과 조연출 조던 슐랜스키가 함께 이탈리아 여행을 간 에피소드가 방영되었습니다. 조던은 코난이 자주 놀리는 직원 이죠. 여행을 하다가 너무 지쳐서 '커피 한 잔 먹자.' 하고 제안하는 장면입니다.

Part 1 | 오늘의 예습 Today's Preview

 MP3 파일 듣기

① I just want to get a cup of coffee.
② Yes, that's why we're here.
③ This is the best place to get one in Naples.
④ Now, we come over here and we pay first.
⑤ You're obsessed in Italy with paying first.

① 나 그냥 커피나 한 잔 하고 싶어.
② 그래서 여기 온 거예요.
③ 나폴리에서 커피로 최고인 좋은 곳이에요.
④ 자, 여기서 돈부터 내야 해요.
⑤ 너 이탈리아에서 돈부터 내는 거에 엄청 집착한다.

단어와 표현

* **Naples** [néiplz 네이쁠즈] 나폴리(이탈리아 남부의 항구도시)
* **pay** [peɪ 페이] ① 지불하다 ② 내다
* **come over** ① ~에 들르다 ② (어떤 기분이) 갑자기 들다

Part 2 　오늘의 소리튜닝 Today's Vocal Tuning

소리튜닝 Day45

① I just **want** to **get** a **cup** of **co**ffee.
　d　d　　　D'　d　D　d　D'　d　　D

② **Yes**, **that**'s why we're **here**.
　　D　　D　d　d　　d　d　　D

③ This is the **best place** to **get** one in **Na**ples.
　d　d　d　　D　　D'　d　D　d　d　　D

④ **Now**, we **come over here** and we **pay first**.
　D　d　D'　　d　D'　　d　d　D　D'

⑤ You're ob**se**ssed in **I**taly with **pay**ing **first**.
　d　d　　D　　d　D　d　　D　　D'

Main Sentence

I just **want** to **get** a **cup** of **co**ffee.
d　d　　D'　d　D　d　D'　d　　D

get a cup of **co**ffee. 여기서 제일 중요한 건 get이랑 coffee죠. 그
래서 get이랑 coffee를 상대방 귀에 꽂아주겠다는 생각으로 말해요.
coffee는 앞에 강세가 있습니다. c 소리 배웠죠? 제대로 힘주시고요. 뒤
에 나오는 ffee는 힘 주지 않죠. 아랫입술에 윗니를 대고 끝냅니다. cup
도 내용어니까 소리 잘 들려줍니다.

I just wanna / **get** a cup of **co**ffee. 소리를 낼 때, 이 한 문장을 한 호흡에 훅 나갈 수도 있지만, 영상의 코난처럼 쉬었다가 나가도 되는 거죠. 의미단위가 끝나고 나서 쉬는 건 생각하는 느낌으로 들려요.

① I just **want** to **get** a **cup** of **co**ffee.
　 d　 d　 **D'**　 d　 **D**　 d　 **D'**　 d　　 **D**

대표문장입니다. 나는 커피라도 한 잔 먹었으면 좋겠다.
코난의 말투에서 지침이 느껴지시나요. 이탈리아에서 유럽여행을 하다 보면 지칠 수 있겠죠. 우리도 이런 말투와 이런 문장으로 어디 가서 친구한테 말해보면 너무 좋겠죠.

② **Yes**, **that**'s why we're **here**.
　 D　 **D**　 D　 d　 d　 d　 **D**

that's why. that은 지시사입니다. 약한 내용어라 힘을 줄 때도 있고, 안 줄 때도 있는데 영상에서는 특히 강조하면서 힘을 줬어요.
이럴 땐, th 소리 제대로 내줘야 합니다. 이때 th는 돼지꼬리 소리[ð]여서 혀를 이 사이에 살짝 내밀었다 안으로 넣으면서 소리를 넣어주세요.
that에 훅! 뱉고 들어오는 소리에 we're까지 다 처리해줍니다.
그리고 다시 **here**에 훅! 뱉어주세요.

110

③ This is the **best place** to **get** one in **Na**ples.
   d d d **D** **D'** d **D** d d **D**

This에 물론 힘 줄 수 있죠. 지시사니까. '**This** is the' 이렇게 할 수도 있겠지
만 안 줄 수도 있습니다. 이 영상에서는 내용어 처리하지 않고 빠르게 뭉개졌어요.
best에 훅! 하고 소리 뱉어줬어요. best 다음에 나오는 place도 내용어지만 best
에 훅! 뱉었기 때문에, 뱉었다 들어오는 소리에 place 처리해줍니다.
best place. '베스트 플레이스' 이렇게 또박또박 소리 내지 않습니다. 앞서 언급한
소리 규칙입니다. t를 중심으로 앞뒤 자음이 있으면, t가 떨어집니다. '**bes**(t) place'
그래서 이런 느낌으로 편하게 소리가 나옵니다.

다음 의미단위 가볼까요.
to **get** one. 이 의미단위는 t 다음 o이 와서 이어줄 수 있겠다고 생각할 수 있겠
지만, 철자 기준이 아니라 소리 기준이라고 말씀드렸죠? one은 발음 기호가 [wʌn]
입니다. 그래서 't + w'인 경우이죠. t 다음에 자음이 오는 경우라 이어서 소리내지
않고 호흡을 끊어줍니다.

다음 의미단위 볼게요.
in **Na**ples. Naples가 어디일까요? 나폴리예요. '어떤 나라나 도시에서'라는 표현
을 할 때는 전치사 in을 앞에 씁니다. 리듬은 d D이죠.

의미단위씩 연습했죠. 이제 다 바느질 해볼게요. 그런데 의미단위마다 살짝 끊어져도
걱정하지 마세요. 그렇게 말해도 됩니다.
This is the **best** place to **get** one in **Na**ples.

④ **Now**, we **come over here** and we **pay first**.
   D d **D'** d **D'** d d **D** **D'**

Now we come **over** here. 이 의미단위에서는 now에 훅! 뱉고 돌아오는 소
리에 we come까지 처리하고 **over**에 훅! 뱉어주세요. come over는 '어디에

들르다.'라는 뜻을 가지고 있는 이어동사니까 over에 힘이 더 들어가고 살짝 음이 올라갑니다. 물론 now 하고 좀 쉬었다가 말해도 괜찮습니다. here은 훅! 뱉지는 않지만 어쨌든 내용어니까 정확한 소리를 내주세요.

다음 의미단위 해볼게요.
<u>and we **pay** first.</u> 힘 들어가는 것이 뭐죠? d d D D'. pay의 p 소리 제대로 터 져주시면서 **pay** 훅! 던지고 돌아오는 소리에, 그러면서도 정확한 소리로 first 연결 해줍니다.

자, 이제 모든 의미단위 연결해볼게요.
Now we come **over** here and we **pay** first.

⑤ You're obsessed in Italy with paying first.
   d   d   D   d   D   d   D   D'

be obsessed with는 '집착하다, 그것만 생각하다.'라는 뜻입니다. 앞 강의에서 익힌 표현입니다. 아마 그때 익히셔서 이번에 편하게 들리고 바로 이해가 됐을 거예 요. 모든 표현을 그렇게 만들면 됩니다. 의미단위씩 가볼게요.

<u>you're obsessed with.</u> obsessed는 se가 강세 부분이에요. 그리고 ob 이 렇게 b가 받침으로 쓰였으니 입을 다물고 '오브'가 아니라 '업' 이렇게 소리를 내고 바로 se에 훅! 던져줍니다. 전체 리듬 dd D d 연습해볼게요. 그리고 다시 영어를 넣어보세요.

다음 의미단위는 장소를 나타내는 부분이죠.
<u>in Italy.</u> '이탈리아'라고 발음하지 않습니다. I가 강세니까 '이'에 힘을 주면서 조금 길게 훅! 뱉어주세요. t는 강세가 없으니까 ㄷ이나 ㄹ 소리가 나옵니다. 굳이 한국어 로 표현하면 '**이**를리' 하고 소리가 납니다. 앞에 in이 있죠. 그래서 'inItaly' 이렇게 한 단어라고 생각하고, 연결해서 소리 내주세요.

다음 의미단위 해볼게요.

<u>with **pay**ing first.</u> d D D'. 이 리듬이죠. pa에 훅! 던져주고 들어오는 소리에 first까지 처리해줍니다. first는 어쨌든 내용어이므로 뭉개지지 않게 해주세요.

재! 이제 다 연결해볼게요.

obsessed in은 자음 d로 끝나고 모음 i로 시작하네요. 이어집니다. 그래서 'obsessedin' 이렇게 소리를 내주면 훨씬 부드럽게 이어지겠죠.
<u>You're ob**se**ssed in Italy with **pa**ying first.</u>

자, 이제 소리튜닝 반복 훈련을 시작해볼까요?

🎧 MP3 파일 듣기

① I just **want** to **get** a **cup** of **cof**fee.

② **Yes**, **that**'s why we're **here**.

③ This is the **best place** to **get** one in **Na**ples.

④ **Now**, we **come over here** and we **pay first**.

⑤ You're ob**se**ssed in **I**taly with **pay**ing **first**.

| TIP | 완전히 외울 때까지 발음하면서 Writing도 반복하세요! |

훈련 체크 ☐☐☐☐☐☐☐☐☐☐

Part 4 한–영 훈련

① 나 그냥 커피나 한 잔 하고 싶어.

② 그래서 여기 온 거예요.

③ 나폴리에서 커피로 최고인 좋은 곳이에요.

④ 자, 여기서 돈부터 내야 해요.

⑤ 너 이탈리아에서 돈부터 내는 거에 엄청 집착한다.

| TIP | 소리튜닝 배운 대로 하루 동안 틈나는 대로 무한 반복해서 외우세요! 한글을 보면서 영어문장이 자동적으로 떠오를 때까지. |

훈련 체크 ☐☐☐☐☐☐☐☐☐☐

I just wanna + V

나는 단지 V가 하고 싶을 뿐이야

> just가 들어가서 이런 뉘앙스가 가능한 거죠. 입에 싹 붙여놓으세요. 굉장히 많이 쓸 수 있는 표현이죠. 알고 있는 모든 동사를 붙여서 연습해봅니다.

1. I just wanna have fun.
   (나는 단지 좀 재미있게 놀고 싶어.)

2. I just wanna have a drink.
   (난 술 좀 마시고 싶어.)

3. I just wanna go home.
   (난 그냥 집에 가고 싶어.)

4.

5.

Day 46
대표문장

I used to live in Canada
예전에 캐나다에 살았거든요

2014년 6월 5일, 〈투나잇 쇼〉에 영화배우 톰 크루즈가 출연했습니다. 톰 크루즈가 어렸을 때 어디 살았을까요? 캐나다에 살았다고 하네요. 어떤 취미를 가지고 있었는지 얘기를 하고 있죠.

Part 1 · 오늘의 예습 Today's Preview

🎧 MP3 파일 듣기

① You played hockey, right?
② Yeah! I used to live in Canada for a little bit.
③ So I played ice hockey.
④ You got Canadians here?

① 하키 하셨죠. 그렇죠?
② 네! 예전에 캐나다에 좀 살았거든요.
③ 그래서 아이스 하키 했어요.
④ 여기 캐나다 분 계세요?

단어와 표현

* **hockey** [ˈhɑːki 하키] 하키
* **Canadian** [kəˈneɪdiən 커네이디언]
  형용사: 캐나다의 명사: 캐나다 사람
* **used to** ~하고 했다, 과거 한때는 ~이었다

① You **pla**yed **hoc**key, **right**?
   d   D   D   D'

② **Yeah**! I used to **live** in **Ca**nada for a little bit.
  D   d   d   d   D d   D   d   d   d   d

③ So I **pla**yed ice **hoc**key.
  d d   D   D   D'

④ You **got** Ca**na**dians **here**?
  d D'   D   D'

Main Sentence

I used to **live** in **Ca**nada
d d   d D d   D

<u>used to.</u> '유즈드 투' 이렇게 소리를 내지 않습니다. [ˈjuːst tə;] 발음기호를 보면 t가 겹치죠.

그러면 t 하나를 빼고 이어서 소리 낼 수 있겠죠. 그래서 'use(d) to' 해서 그냥 붙여버립니다. to는 강세가 들어가지 않는 기능어이기 때문에 to, '투' 이렇게 발음이 되지 않습니다. use에 소리가 올라가는 느낌이 있죠.

<u>I used to **live** in **Ca**nada.</u> 여기서 제일 중요한 단어는 Canada죠. '캐! 내! 대!' 이러시면 안 돼요. 이 단어의 리듬은 D d d입니다. ca에 던지고 들어오는 소리에 nada 처리해줍니다. '나는 캐나다에 살았었어.'라고 해석하고 이 말을 하는 순간 지금은 살지 않는다는 점까지 표현할 수 있습니다.

① You **pla**yed **hoc**key, **right**?
    d   **D**   **D**   **D'**

You **pla**yed **hoc**key. d D D. 이 문장에서 내용어는 played와 hockey입니다. play에서 y는 여기서 모음 i입니다. 모음으로 끝나는 과거시제 ed는 'ㄷ' 소리가 납니다.

hockey. '하키' 이렇게 소리 내지 않습니다. h로 시작하니까 훅! 하고 던져주면서 소리 냅니다. h 소리로 발성 연습하면 좋아요.

You **pla**yed **hoc**key, right?

② **Yeah**! I used to **live** in **Ca**nada for a little bit.
   D   **d**   **d**   **d** **D** **d**   **D**   **d** **d**   **d**

"너 하키 했었잖아?" 물으니까 대답하죠. **Yeah**.

다음 문장은 의미단위 별로 나눠볼게요.
I used to **live** in **Ca**nada. 이 문장에서 제일 중요한 live와 Canada에 훅! 훅! 던져주세요. 영상에서는 live보다 Canada에 더 힘이 훅! 들어갔습니다. 이 문장에서 가장 중요한 정보니까요.

다음 의미단위 가볼게요.
for a little bit. 이 문장에서는 내용어가 하나도 없습니다. 그래서 빠르고 힘 없이 처리할 수 있습니다. '잠시동안'이라는 뜻으로 정말 많이 쓰는 문장이니, 이 4단어가 마치 한 단어인 것처럼 빠르게 처리해주세요.

자! 이제 다 붙여서 해볼게요. 이렇게 긴 문장에서 두 단어만 던져지니까 아무리 길어도 빠르게 말할 수 있는 거예요.
Yeah! I used to **live** in **Ca**nada for a little bit.

③ So I **pla**yed **i**ce **hoc**key.
   d d   D   D   D'

So I **pla**yed **i**ce hockey.
ice hockey. ice 명사, hockey 명사죠. 명사 + 명사 즉, 복합명사는 앞 명사에 힘이 들어가고, 이어서 소리를 냅니다.

④ You **got** Ca**na**dians **here**?
    d D'   D   D'

'나 아이스 하키 했었잖아.' 그러니까 사람들이 막 환호를 해요. 나중에 나오는 말이지만 캐나다에서 아이스하키를 하지 않으면 왕따 당한다는 말도 있습니다. 톰 크루즈가 '왜 박수를 치지?' 하다가 이렇게 말하죠. '아, 여기 캐나다 분 계세요?'

You got. t 다음에 c니까 스탑 t 소리가 납니다. 호흡을 살짝 끊으셔야 해요. Canadian. Canada는 Ca에 강세를 줬어요. 캐나다와 캐나다인 강세가 다르다는 것을 꼭 기억하세요. Ca**na**dian의 강세는 na에 있어요. na에 훅! 하고 던져주세요.

You got Ca**na**dians here? Canadians의 na에서 훅! 던지고 돌아오는 소리에 here 정확한 소리로 처리합니다.

자, 이제 소리튜닝 반복 훈련을 시작해볼까요?

🎧 MP3 파일 듣기

① You **pla**yed **hoc**key, **right**?
② **Yeah**! I used to **live** in **Ca**nada for a little bit.
③ So I **pla**yed ice **hoc**key.
④ You **got** Ca**na**dians **here**?

| TIP | 완전히 외울 때까지 발음하면서 Writing도 반복하세요! |

훈련 체크 ☐☐☐☐☐☐☐☐☐☐

① 하키 하셨죠, 그렇죠?
② 네! 예전에 캐나다에 좀 살았거든요.
③ 그래서 아이스 하키 했어요.
④ 여기 캐나다 분 계세요?

| TIP | 소리튜닝 배운 대로 하루 동안 틈나는 대로 무한 반복해서 외우세요! 한글을 보면서 영어문장이 자동적으로 떠오를 때까지. |

훈련 체크 ☐☐☐☐☐☐☐☐☐☐

used to

과거에 했거나 경험한, 그러나 더 이상은 아닌
done or experienced in the past,
but no longer done or experienced

> 과거에 했던 것은 더 이상 안 하는 행위나 상태를 표현합니다.

1. I used to eat meat, but now I'm vegan.
   (나 예전엔 고기 먹었는데 지금은 채식주의자야.)

2. I used to have long hair.
   (나는 예전에 머리가 길었어.)

3. Why are they not calling me
   as much as they used to?
   (왜 그들이 예전에 나한테 전화했던 것만큼 전화하지 않지?)

4.

5.

I give my son a big hug
아들을 꽉 안아줘요

호주의 모델 미란다 커가 미국 로스엔젤레스의 말리부에 위치한 자신의 집에서 인터뷰를 진행했습니다. 영상은 〈보그 리빙(Vogue Living)〉 유튜브 채널에 2015년 9월 3일 공개되었는데요, 미란다 커가 아이와 어떤 시간을 보내는지 말합니다.

Part 1 | 오늘의 예습 Today's Preview

🎧 MP3 파일 듣기

① When I get home, I give my son a big hug.
② At the moment,
   we quite like having little tea parties.
③ So I'll put the kettle on.
④ and we'll both have a little cup of tea.

① 제가 집에 오면, 아들을 꽉 안아줘요.
② 요새 우리는 작은 티파티를 꽤 즐겨요.
③ 주전자를 켜고,
④ 우리 둘이서 차를 마셔요.

단어와 표현

* **hug** [hʌg 허ㄱ] ① 껴안다 ② 끌어안다
* **moment** ['mou- 모우먼ㅌ] ① 잠깐, 잠시 ② 순간 ③ (특정한) 때, 시기
* **kettle** ['ketl 케를] 주전자
* **both** [bouθ 보ㅜㅅ] 둘 대(의)

① When I **get home**, I **give** my **son** a **big hug**.
d d D' D d D d D d D D'

② At the **mo**ment,
d d   D

we quite **like ha**ving little **tea par**ties.
d d   D   D   d   D   D'

③ So I'll **put** the **kettle on**.
d dd D d D d

④ and we'll **both have** a little **cup** of **tea**.
d d d D D' d d D' d D

Main Sentence
I **give** my **son** a **big hug**. d D d D d D D'

give a hug, give a kiss 이렇게 동사로 쓰던 단어들을 명사로 쓸 수도 있습니다. give a hug 하면 '안아주다', give a kiss는 '뽀뽀해주다' 라는 뜻입니다.

I **gi**ve my. d D d 리듬입니다. 기본 리듬이죠. 단어들이 독립적으로 따로따로 소리 나지 않고 리듬을 탈 수 있도록 해주세요.

son a. 'son + a'이죠. n 다음에 a니까 소리가 이어져 나옵니다. 그래서 'sona' 이렇게 이어서 소리 냅니다.

big hug. 제일 힘을 주는 부분이 여기서 **big**이라는 단어입니다. 엄청나게 크게 포옹해준다는 표현을 위해 big에 가장 힘을 줬습니다. big이랑 hug 둘 다 내용어지만 big에다 힘을 주고 hug에 힘을 빼서 두 개를 이어줬죠. **big hug** 이러지 않고 **big** hug! 하지만 hug도 내용어이므로 기능어처럼 뭉개지 않고 정확한 소리를 내줍니다.

I **gi**ve my **son** a **big** hug.

① When I **get home**, I **give** my **son** a **big hug**.
　 d　 d D'　 D　 d D　 d　 D d D　 D'

When I get **home**. d d D' D. 가장 중요한 정보는 home입니다. 가장 크게 훅! 던져줍니다. ge**t h**ome의 경우, t 다음에 h니까 스탑 t 소리입니다. get 하고 살짝 호흡을 끊어주세요.
다음 의미단위는 대표문장입니다. I **give** my **son** a **big** hug.

자, 이제 두 의미단위를 이어서 해볼게요.
When I get **home** I **give** my **son** a **big** hug.

② At the **mo**ment,
　 d　 d　　 D

　we quite **like ha**ving little **tea par**ties.
　 d　 d　　 D　　 D　　 d　　 D　　 D'

At the **mo**ment. m 소리 배웠죠. 비음입니다. 콧볼에서 울리는 비음을 내면서 입술을 다물고 '음' 했다가 소리를 내주세요. 전체 리듬은 d d D입니다.
at the. '앳더' 소리를 내는 데 입에서 편하고 빠르게 나오게 연습합니다. 전혀 힘이 들어가지 않고 한 단어처럼 나옵니다. at a인 경우에는 훨씬 더 뭉개집니다. 'ata'

이렇게 한 단어처럼 이어지고 t에 강세가 안들어가서 거의 '애러' 이런 느낌으로 소리 납니다. 그래서 at the는 그래도 내 입에서 '더'라는 느낌이 있어야 해요. 안 그러면 at a와 헷갈릴 수 있습니다.

<u>We quite **like**</u>. We quite은 '꽤' 정도로 해석할 수 있습니다. d d D 리듬으로 like 던져줍니다.

having little **tea** parties. 이 의미단위는 내용어가 많아요. have, tea, parties. 다 똑같이 힘을 주면 힘들겠죠. 일단 'tea + parties', 명사 + 명사니까 tea에 더 훅! 뱉어줍니다. 한 의미단위는 가능한 한 단어처럼, 한 호흡으로 나오게 해주세요!

TIP 말버릇처럼 쓰는 영어도 있다

사람마다 자기만의 말버릇이 많죠. 미란다 커는 quite이라는 단어를 참 많이 쓰는 거 같아요. kind of, quite, a litte, you know 등등 본인들이 많이 쓰는 말버릇이 있습니다. 한국어도 마찬가지지요.

쟈! 이제 의미단위들 다 연습이 되었으면, 연결해볼게요.

<u>At the **mo**ment we quite **like ha**ving little **tea** parties.</u>

③ So I'll **put** the **ke**ttle **on**.
   d dd D   d   D   d

<u>So</u> 하고 좀 쉬었다가 말해도 됩니다.

<u>I'll **put**</u>. dd D. I will의 줄임말 I'll은 뒤에 ~'ll이 dark l이죠. 그래서 소리가 all이랑 비슷하게 납니다. 입에 긴장이 전혀 들어가지 않습니다.

<u>I'll **put** the **ke**ttle</u>. kettle 역시 t에 강세가 없으니까 ㄷ이나 ㄹ로 소리가 나서 '케틀'이라고 안하고 '케를'이라고 소리가 났어요.

<u>So I'll **put** the **ke**ttle **on**</u>. on에 힘을 주면 음을 올려주죠. 그렇게 해서 어떤 과정을 설명하는 느낌을 살릴 수 있습니다.

④ and we'll **both have** a little **cup** of **tea**.
    d   d d D   D' d d   D' d D

and we will **both** have. 여기서 both에 훅! 뱉어주고 돌아오는 소리에 have
처리해줍니다.

a little **cup** of **tea**. 여기서 중요한 건 cup보다 tea입니다. 그래서 tea에서 훅!
뱉어줬어요. 'cup + of'는 '**cup**of' 이렇게 이어서 소리 냅니다.

전체 문장에서 상대 귀에 꽂아줘야 하는 소리는 tea랑 both입니다. 둘이 차를 먹는
다는 것이 중요한 정보죠.

자, 이제 소리튜닝 반복 훈련을 시작해볼까요?

곧 100일 프로젝트
절반의 날이 옵니다!

곧 50일입니다. 반이네요. 어떠세요? 기분이 어떠십니까? 왜 제가 기쁘죠? 여러분도 기쁘실 거예요. 뭔가를 끊임없이 50일까지 했다는 건 대단한 거죠.

열정이 벌써 식은 사람도 있죠. 그런데 '그냥 한번 꾸준히 해보자, 곰이마늘 먹듯이. 느는지는 모르겠지만.' 이러면서 하는 거예요.

Part 3 　소리 반복훈련

🎧 MP3 파일 듣기

① When I **get home**, I **give** my **son** a **big hug**.

② At the **mo**ment,

　 we quite **like ha**ving little **tea par**ties.

③ So I'll **put** the **kettle on**.

④ and we'll **both have** a little **cup** of **tea**.

> **TIP**　완전히 외울 때까지 발음하면서 Writing도 반복하세요!

　　　　　　　　　훈련 체크　☐☐☐☐☐☐☐☐☐☐

Part 4 　한–영 훈련

① 제가 집에 오면, 아들을 꽉 안아줘요.

② 요새 우리는 작은 티파티를 꽤 즐겨요.

③ 주전자를 켜고,

④ 우리 둘이서 차를 마셔요.

> **TIP**　소리튜닝 배운 대로 하루 동안 틈나는 대로 무한 반복해서 외우세요! 한글을 보면서 영
> 어문장이 자동적으로 떠오를 때까지.

　　　　　　　　　훈련 체크　☐☐☐☐☐☐☐☐☐☐

표현 저널 쓰기 Expression journal

at the moment

요새, 요즘, 바로 지금
right now = at the current time

> at that moment랑 헷갈리지 마세요. 이건 '그때'라는 의미입니다.

1. We're really busy at the moment.
   (우리는 요즘 너무 바빠요.)

2. I am really happy at the moment.
   (나는 요새 너무 행복해요.)

3. What's your favorite song at the moment?
   (요즘 제일 좋아하는 노래가 뭐예요?)

4.

5.

Day 48
대표문장

You do get bothered
당신을 귀찮게 하죠

2015년 10월 30일, 영국 BBC의 토크쇼 〈그레이엄 노튼 쇼(The Graham Norton Show)〉에 영화배우 브래들리 쿠퍼와 시에나 밀러가 출연했습니다. 영국 생활에 대해 이야기를 하다가 유럽에서 파파라치가 심해서 힘들다고 이야기합니다.

Part 1 오늘의 예습 Today's Preview

🎧 MP3 파일 듣기

① But in the States,
   you do get bothered, don't you?
② Yeah, but not that much,
③ You know, it's not that bad.
④ I mean, it's more- in Europe or something.

① 그런데 미국에서, 파파라치가 당신을 귀찮게 하죠, 그렇죠?
② 네, 그런데 그렇게 많이는 아니에요.
③ 그렇게 심하지 않아요.
④ 그러니까, 유럽 같은 곳에서 오히려 더해요.

단어와 표현

* **bother** [ˈbɑ:ð- **바덜**]
  동사: ① 신경쓰다, 애를 쓰다 ② 신경쓰이게 하다, 괴롭히다 ③ 귀찮게 하다
  명사: 성가심, 성가신 일(사람)
* **much** [mʌtʃ **머취**]
  한정사, 대명사: ① 많은 ② 많음 부사: 매우, 너무, 정말, 많이
* **bad** [bæd **배드**] ① 나쁜, 악질의 ② (병 따위가) 악성의, 치료하기 힘든
* **more** [mɔ:r **모얼**] [many 또는 much의 비교급] (수·양 등이) 더 많은, 더 큰

① But in the **States**,
   d   d   d   **D**

  you **do** get **bo**thered, **don't** you?
  d d d   **D**   **D** d

② **Yeah**, but **not** that **much**,
   D d **D** d **D**

③ You know, it's **not** that **bad**.
  d   **D'**   d d **D** d **D**

④ I mean, it's **more**- in **Eu**rope or something.
  d **D'**   d d **D**   d **D**   d   d

Main Sentence

You **do** get **bo**thered,
d d d   **D**

d D d D. 원래 do라는 동사는 없어도 됩니다. do는 강조하기 위해서 붙인 거예요. 일반동사를 강조할 때 동사 앞에 do를 쓰면 동사를 더 강조할 수 있습니다. 그러니까 힘을 줘야겠죠. 강조를 위해 쓰는 거니까. bother에서 th는 돼지꼬리 소리[ð]입니다. 혀를 이 사이에 내밀었다 들어가면서 성대를 울려주세요. bother가 '괴롭히다'라면, get bothered는 '괴롭힘을 당하다'입니다.

TIP do로 일반 동사 강조하기

I love you (사랑해) → I do love you! (진짜 사랑해)
I know it (나 알아) → I do know it! (나 진짜 알아)

① But in the **States**, you **do** get **bo**thered, **don't** you?
   d   d   d   **D**   d **d** d **bo**   **D**   d

But in the **Sta**tes. d d d D. 이 의미단위는 States를 제외하고는 다 기능어
입니다. 이런 경우 소리가 매우 빨라질 수 있는 겁니다. 'but in'을 이어서 'butin'
이렇게 소리를 낼 수 있겠죠. t는 강세가 없으니까 ㄹ 소리를 내서 '버린' 이렇게 소
리 낼 수 있습니다. 그리고 States에 훅! 뱉어주세요. States는 s 다음에 t니까 역
시 된소리가 나와서, '스떼이츠' 이렇게 소리가 납니다. 보통 미국을 the States라
고 짧게 말할 수 있습니다.
다음 의미단위는 대표 문장입니다. you **do** get **bo**thered.

바로 이어볼까요? But in the **Sta**tes you **do** get **bo**thered. 너 미국에서도
괴롭힘받잖아. 누구한테? 파파라치한테 받겠죠.

don't you? '그렇지 않아?' 하고 부가적으로 물어보는 거죠. **don't**는 부정어니까
훅! 하고 던져주는 소리입니다. **don't** you에서 't + y'는 편하게 '츄'라고 소리 낼
수 있습니다.

이제 전체 의미단위 다 바느질 해볼게요.
But in the **Sta**tes, you **do** get **bo**thered, **don't** you?

② **Yeah**, but **not** that **much**,
    D   d   **D**   d   **D**

Yeah. '맞아.'
but **not** that **much**. 역시 t 다음에, not 할 때 끝에 t로 끝나고 th로 시작하니
까 소리가 끊어집니다. 연음처리하면 안 돼요. not / that much. 이런 느낌으로
스탑 t 소리 잘 살려주세요.

③ You know, it's **not** that **bad**.
　d　　D'　 d d D　 d　　D

you know는 추임새예요. you! know! 이렇게 힘이 들어가는 소리가 아닙니다. 생각의 버퍼링이라서 기능어처럼 처리해줍니다. 왜냐하면 없어도 되기 때문이죠. **not** that **bad**. 역시 not 한 다음에 끊어지죠? bad. 나쁜. 이것도 큰 'a'예요. 입을 최대한 크게 벌리면서 소리 냅니다. 입을 조금만 벌리면 bed. '침대'가 됩니다. 리듬이 d D d. 바나나 리듬이에요. 소리를 낼 때 본인이 리듬을 타고 있다는 생각이 들어야 해요. 단어를 독립적으로 딱딱 내고 있는지 리듬을 타고 있는지 느껴보세요.

④ I mean, it's **more**- in **Eu**rope or something.
　d　D'　 d d　 D　　 d　　 D　　 d　　 d

I mean. 역시 you know 같은 추임새입니다. 입에서 힘 들어가지 않아요. it's **more**. dd D 리듬입니다. it's는 거의 입에서 중얼거려서 잘 안 들릴 수 있습니다. more에서 훅 나가고 mo**re in**에서 r 다음에 모음 i니까 두 소리가 이어집니다. 'morin' 이렇게 소리 내면 편해요. Euro**pe or** 이 두 소리도 이어지죠. '**Eu**ropor' 이런 한 단어의 느낌으로 소리 납니다. or something. 둘 다 기능어라서 **Eu**에 훅! 던지고 들어오는 소리에 끝까지 빠르게 처리해주세요.

전체 문장 이어서 해볼게요. I mean it's **more** in **Eu**rope or something.

TIP　or something

'그런 것 같은'이라는 뜻이에요. '유럽 같은'을 표현하기 위해서 or something을 붙여줬습니다.

자, 이제 소리튜닝 반복 훈련을 시작해볼까요?

① But in the **States**, you **do** get **bo**thered, **don't** you?

② **Yeah**, but **not** that **much**,

③ You know, it's **not** that **bad**.

④ I mean, it's **more**- in **Eu**rope or something.

> **TIP** 완전히 외울 때까지 발음하면서 Writing도 반복하세요!

훈련 체크 ☐☐☐☐☐☐☐☐☐☐

Part 4 한–영 훈련

①그런데 미국에서, 파파라치가 당신을 귀찮게 하죠, 그렇죠?

②네, 그런데 그렇게 많이는 아니에요.

③그렇게 심하지 않아요.

④그러니까, 유럽 같은 곳에서 오히려 더해요.

> **TIP** 소리튜닝 배운 대로 하루 동안 틈나는 대로 무한 반복해서 외우세요! 한글을 보면서 영어문장이 자동적으로 떠오를 때까지.

훈련 체크 ☐☐☐☐☐☐☐☐☐☐

bother

괴롭히다, 성가시게 하다, 귀찮게 하다, ～를 하려고 애쓰다
be/get bothered : 괴롭다, 성가시다, 귀찮다

1. Don't bother making the bed- I'll do it later.
   (침대 정리하려고 애쓰지 마– 내가 나중에 할 거야.)

2. Don't bother me!
   (귀찮게 하지 마!)

3. I get bothered by what people say.
   (사람들이 하는 말이 신경 쓰여.)

4.

5.

You get used to that clicking sound
그 셔터 소리에 익숙해져요

48강에 이어지는 내용입니다. 파파라치에 대해 이야기했었죠? 이번에는 파파라치 한테 어떤 사진을 찍혔는지, 어떤 굴욕적인 사진을 찍혔는지에 대한 내용입니다. 당시 입었던 바지가 짧아서 엉덩이가 보였다는데요, 사진을 찍히는 과정을 설명하고 있습니다.

Part 1 | 오늘의 예습 Today's Preview

🎧 MP3 파일 듣기

① And I sort of bent down like this

② and you could hear the click.

③ You know, you just hear it.

④ You get used to that clicking sound.

⑤ Yeah.

① 그리고 제가 이렇게 몸을 굽혔는데,

② 셔터 소리가 들렸어요.

③ 그게 그냥 들려요.

④ (하도 들어서) 그 셔터 소리에 익숙해져요.

⑤ 그렇군요.

단어와 표현

* **bent** [bent **벤**ㅌ] ① 구부러진, 휜 ② (사람이) 등/허리가 굽은
* **get/become used to** ~에 익숙해지다
* **clicking sound**
   구두 딱딱 소리, 물방울 또로록 소리, 구두 또각또각 소리, 마우스 클릭 소리 등

① And I sort of **bent** down like this
  d d d   d   **D**   d   d   d

② and you could **hear** the **click**.
  d   d   d   **D**   d   **D**

③ You know, you just **hear** it.
  d   **D'**   d   d   **D** d

④ You get **u**sed to that **cl**icking **sound**.
  d   d   **D**   d   d   **D**   **D'**

⑤ **Yeah**.
  D

Main Sentence

You get **u**sed to that **cl**icking **sound**.
 d   d   **D**   d   d   **D**   **D'**

파파라치를 많이 당하다 보면 식스 센스가 생긴다고 해요. 대충 '여기서 찍히고 있는데' 하는 감이 온대요. 어느 정도 계속 찍히다 보면 찰칵 하는 소리가 익숙해진다는 문장이죠.

get **u**sed to. 리듬은 d D d입니다. 마치 한 단어인데 강세가 u에 있는 것처럼 연결해서 소리 냅니다. used to의 발음기호 ['juːst tə;]를 보면 t가 연달아 나옵니다. t 소리는 한 번만 내주고 연결해주세요.

You get **u**sed to that. d d D d d. 이 정도 길이의 문장에서 훅! 뱉는 소리는 u밖에 없습니다. 이런 소리는 원어민에 따라 정도 차이는 있겠지만 굉장히 뭉개질 수 있습니다. 기능어가 많을수록 원어민의 소리는 더 뭉개지고 빨라집니다. 이렇게 소리 내는 게 내 입에 익숙해져야 점점 그런 소리가 잘 들리게 됩니다.

clicking sound. 찰칵 소리라는 뜻이죠. 둘 다 내용어입니다. 영상에서는 clic에 휙! 던지고 들어오는 소리에 정확한 소리로 sound 처리했습니다. 여기서는 그냥 소리보다는 '찰칵'이라는 단어가 중요한 정보니까요.

쟤! 이제 다 이어서 소리 내보겠습니다.

You get **u**sed to that **cli**cking sound.

① And I sort of **bent** down like this
  d   d   d   d   D   d   d   d

And I sort of. d d d d. 다 기능어라서 뭉개지고 빨라질 수 있습니다. 'sort of' 두 단어가 이어집니다. 그래서 'sortof' 이어서 소리 냅니다.

> **TIP** **기능어 sort of**
>
> sort of는 kind of. kind of. a little. you know 이런 것처럼 말버릇, 입버릇이에요. 즉, 없어도 의미에 전혀 영향이 없습니다. 그래서 힘이 들어가지 않게 빠르게 처리합니다.

bent down. t 다음에 d니까 스탑 t 소리죠. 살짝 끊어지는 느낌 살려주세요.
like this에는 힘 들어가지 않아요. 여기서 힘 들어가는 건 bent밖에 없죠. 문장이 이렇게 길어도 힘 들어가는 소리가 bent밖에 없으니 전체 소리가 빠르게 뭉개질 수 있겠네요. 우리도 그렇게 소리 한번 내볼까요? 빠르게 소리내고 뭉개져도 절대 bent를 대충 빨리 처리하면 안 됩니다. 내용어 악센트를 빠르게 처리하면 급하게 들려요.

And I sort of **bent** down like this.

② and you could **hear** the **click**.
   d   d   d   **D**   d   **D**

and you could **hear** the **click**. 이 문장의 리듬은 d d d D d D입니다. 일단 기능어가 많이 뭉쳐져 있을 때는 기능어가 먼저 입에서 편하게 나오게 복화술 하듯이 연습합니다. 먼저 또박또박 발음해보고 점점 입의 긴장을 풀고 빠르고 편하게 나오게 연습하세요. 그리고 익숙해지면, hear을 훅! 뱉어주고 돌아오는 소리에 the 처리하고 다시 훅! click 던져주세요. 몸이 왔다 갔다 해도 좋고 고개가 왔다 갔다 해도 좋습니다. 리듬을 느끼면서 호흡이 끊어지지 않게 합니다.

③ You know, you just **hear** it.
   d   **D'**   d   d   **D**   d

You know. 역시 추임새입니다. 힘을 주지 않습니다.
you just **hear** it. hear에만 훅! 뱉어줍니다. d d D d 리듬입니다.
ju**st h**ear이니까 t를 중심으로 자음이 있습니다. 이런 경우 t 소리를 죽이고 'jus hear' 이렇게 편하게 소리 냅니다.
hear it. 자음 + 모음이죠. '**hear**it' 이렇게 소리가 이어집니다.

④ You get **u**sed to that **cli**cking **sound**.
   d   d   **D**   d   d   **D**   **D'**

대표문장입니다.

⑤ **Yeah**.
   D

y가 가장 앞에 있네요. y 소리 제대로 해줄게요. 혀끝을 아랫니 안쪽에 대고 혀끝에 힘을 주세요. 그러기 위해서 한국어로 '이' 하면서 Yeah 소리를 내줍니다.

자, 이제 소리튜닝 반복 훈련을 시작해볼까요?

① And I sort of **bent** down like this
② and you could **hear** the **click**.
③ You know, you just **hear** it.
④ You get **u**sed to that **cli**cking **sound**.
⑤ **Yeah**.

TIP 완전히 외울 때까지 발음하면서 Writing도 반복하세요!

훈련 체크 ☐☐☐☐☐☐☐☐☐☐

Part 4 한–영 훈련

① 그리고 제가 이렇게 몸을 굽혔는데,
② 셔터 소리가 들렸어요.
③ 그게 그냥 들려요.
④ (하도 들어서) 그 셔터 소리에 익숙해져요.
⑤ 그렇군요.

TIP 소리튜닝 배운 대로 하루 동안 틈나는 대로 무한 반복해서 외우세요! 한글을 보면서 영어문장이 자동적으로 떠오를 때까지.

훈련 체크 ☐☐☐☐☐☐☐☐☐☐

표현 저널 쓰기 Expression journal

[get / be / become] used to N / V ing

익숙해지다, 적응되다

1. I can't get used to getting up so early.
   (나는 그렇게 일찍 일어나는 게 익숙해지지 않아.)

2. I do the dishes every day, so I'm used to it.
   (매일 설거지를 해, 그래서 설거지 하는 게 익숙해.)

3. I'm not used to such spicy foods.
   (나는 그런 매운 음식에 적응되지 않아.)

4.

5.

43일부터 49일까지 끝내셨습니다. 반복연습 계속해오셨나요?
복습해봅시다! 다음 한글 표현에 맞게 영어문장을 떠올리고 소리튜닝하여 발음해보세요!

DAY 43

① 한 가지 문제는 그 애가 2주 반 정도 일찍 나왔다는 거예요.
② 진짜로요?
③ 그래도 괜찮은 거죠, 그렇죠? 괜찮죠? 괜찮을 텐데?
④ 2주 반 정도면 괜찮죠.
⑤ 여전히 안전해요.

DAY 44

① 우선, 이걸 말해야겠어요.
② 몇 분이 거기서 춤추는 걸 봤는데,
③ 여러분 정말 끝내줬어요.
④ 네!
⑤ 축하드립니다. 정말 멋졌어요.

DAY 45

① 나 그냥 커피나 한 잔 하고 싶어.
② 그래서 여기 온 거예요.
③ 나폴리에서 커피로 최고인 좋은 곳이에요.
④ 자, 여기서 돈부터 내야 해요.
⑤ 너 이탈리아에서 돈부터 내는 거에 엄청 집착한다.

DAY 46

① 하키 하셨죠. 그렇죠?

② 네! 예전에 캐나다에 좀 살았거든요.

③ 그래서 아이스 하키 했어요.

④ 여기 캐나다 분 계세요?

DAY 47

① 제가 집에 오면, 아들을 꽉 안아줘요.

② 요새 우리는 작은 티파티를 꽤 즐겨요.

③ 주전자를 켜고,

④ 우리 둘이서 차를 마셔요.

DAY 48

① 그런데 미국에서, 파파라치가 당신을 귀찮게 하죠, 그렇죠?

② 네, 그런데 그렇게 많이는 아니에요.

③ 그렇게 심하지 않아요.

④ 그러니까, 유럽 같은 곳에서 오히려 더해요.

DAY 49

① 그리고 제가 이렇게 몸을 굽혔는데,

② 셔터 소리가 들렸어요.

③ 그게 그냥 들려요.

④ (하도 들어서) 그 셔터 소리에 익숙해져요.

⑤ 그렇군요.

갓주아의 7주차 소리튜닝 특강
– 원어민의 목소리를 립싱크하고, 쉐도잉하라!

전체 영상을 3번 정도 들으시고, 잘 들리나 확인해보세요. 그리고 만약 대본이 어느 정도 입에 붙었다면 동시에 시작해서 동시에 끝내는 연습을 하세요. 쉐도잉이라고 하죠? 그림자처럼 따라가는 거예요. 영상의 사람이 하는 말 그대로! 0.3초 정도의 간격을 두고 따라 하시면 좋습니다.

그리고 입모양 맞추기도 너무 좋으세요. 약간 영화를 더빙한다는 느낌으로 따라 가시면 좋습니다.

토크쇼에서 박수 소리나 다른 사람의 말에 소리가 먹혀도 알아들을 수 있는 이유가 뭘까요? 입을 통해 충분히 알아차릴 수 있기 때문입니다. 그래서 입모양이 중요하다는 거예요. 입만 보세요. 그러면 문장이 쏴쏴 들어오실 거예요.

우리도 입으로 대화할 때 있잖아요? 그럴 때 소리가 없어도 알아들으시죠? 한국어는 사실 굳이 입모양을 크게 해서 얘기를 안 하는데도 알아듣죠?

영어도 그렇게 알아들어야 된다는 이야기예요. 영어는 조음기관이 정확한 발음을 결정하기 때문에 사실 입모양이 굉장히 중요한 겁니다.

립싱크, 쉐도잉, 입모양 맞추기 훈련을 하면 얼마나 소리가 좋아지는지 몰라요. 소리가 조각이 돼요. 원래 군더더기가 많았던 소리도 내가 더빙을 하려면 그 입에 딱 맞춰야 되거든요. 립싱크를 하려면 군더더기를 뺄 수밖에 없어요. 그러다 보면 점점 소리가 정말 유창하게 들릴 거예요. 그들스럽게!

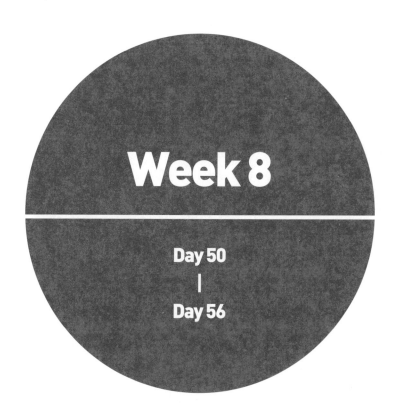

Week 8

Day 50
|
Day 56

When you really want it, you are unstoppable.
당신이 진정으로 원하면, 당신을 멈추게 하는 것은 아무것도 없다.

Day 50
대표문장

That movie kills me
그 영화 죽여줘요

2015년 1월 8일, 미국의 잡지 〈더블유 매거진(W magazine)〉 유튜브 채널에서 영화배우 브래들리 쿠퍼의 스크린 테스트 인터뷰를 공개했습니다. 어떤 영화가 슬펐고, 어떤 배우를 좋아하는지 묻고 있습니다. 영화 〈어웨이크닝〉이 참 슬펐다고 얘기하네요.

Part 1 | 오늘의 예습 Today's Preview

 MP3 파일 듣기

① That movie kills me.
② You know, what I love?
③ I gotta say, is that little mini-story in "Up".
④ It's heartbreaking. That love story.

① 그 영화 정말 죽여줘요.
② 제가 진짜 좋아하는 게 뭐냐면요…
③ 말해야겠네요. 〈업〉에 나오는 미니스토리예요.
④ 정말 가슴 아파요. 그 러브 스토리요.

단어와 표현

* kill [kɪl 키열]
  동사: ① 죽이다, 목숨을 빼앗다   ② ~을 끝장내다   ③ (비격식) 죽을 지경이 되게 만들다
  명사: ① 죽이기   ② 사냥한 동물
* heartbreaking ['hɑːrt- 할트브레이킹]
  가슴이 터질(찢어질) 듯한, 슬픈

① **That movie kills** me.
   D   D'   D   d

② You know, what I **love**?
   d   D'   d d D

③ I gotta **say**, is that **li**ttle mini-**sto**ry in "**Up**".
  d   d   D   D   d   d   D'   D'   D   d   D

④ It's **heart**breaking. **That** love **sto**ry.
  d d   D   D   D'   D

Main Sentence

That movie kills me.
   D   D'   D   d

'그 영화가 참 죽이네.' 다양한 감정 표현이 가능한 거죠. 영화가 슬프다고 말했으니 '참 영화 죽여줘. 되게 슬퍼. 죽이게 슬퍼.' 이런 느낌이 포함되어 있는 거죠.

That 내용어, movie 내용어, kills 내용어예요. me 빼고 다 내용어네 요. 다 힘을 주면 어색하겠죠. 이어주기 위해서 힘 조절을 하셔야 돼요. 인 터뷰에서는 That에 힘을 줬어요. '그' 영화라는 느낌을 살리고 싶어서죠.

That movie. **That**을 소리 낼 때 th 입모양을 제대로 해주세요. 리듬 은 D D' 리듬입니다. **That**에 훅! 뱉고 돌아오는 소리로 movie 정확하 게 소리 냅니다.

kills me. k 음소단위 제대로 해서 혀 안쪽과 입천장 안쪽(연구개)이 닿았다가 스크래치 소리를 내주며 kill에 훅! 던지고 돌아오는 소리에 me 처리합니다. 감정 표현을 하셔야 돼요. 연설의 느낌이 아니라 감정이에요.

① **That movie kills** me.
    D   **D'**   **D**   **d**

대표문장입니다. D D' D d. 리듬을 먼저 연습하고, 영어를 넣어주세요!

② You know, what I **love**?
  d   **D'**   **d** **d** **D**

d D', d d D. 이 문장에서 가장 훅! 뱉어야 하는 단어는 love입니다. 그러다 보니 소리가 매우 빠르고 뭉개질 수 있습니다.
You know에서 know는 내용어지만, You know 자체가 추임새이기 때문에, 기능어처럼 빠르게 처리해줍니다.

③ I gotta **say**, is that **li**ttle mini-**sto**ry in "**Up**".
 d **d**   **D** **d** **d**   **D'**   **D'**   **D** **d**   **D**

이 문장의 주어는 앞 문장의 'what I love'입니다. 그리고 is that 하고 이어지는 거죠. 그런데 중간에 I gotta say가 있습니다.

I gatta **say**. gatta는 got to죠. 앞에서 이미 다뤘습니다. have to의 뜻이죠. d d D 리듬으로 연습하고 영어 넣어볼게요. **say**에서 훅! 던지고 is that 하기 전에 살짝 쉬어주세요.

is that little mini-**sto**ry in "**Up**". 이 문장에서 내용어는 little, mini-story, up입니다. 어디에 힘을 줘도 괜찮습니다. 어디에 힘을 주냐에 따라 조금씩 뉘앙스가 바뀔 뿐이지 옳고 그름은 없습니다. 여기서는 story와 특히 가장 중요한 정보인 'up'에 훅! 하고 던져주세요.

story. 's + t' 조합입니다. t에 된소리 넣어주면 소리 내는 게 좀 편해집니다.

is that 하고 살짝 쉬셔도 되고, 바로 이어서 말해도 됩니다. 이 영상에서는 is that 하고 살짝 쉬었다가 말했죠.

> **TIP**   got to
>
> have to. have got to. got to. 모두 '해야만 한다.'라는 뜻으로 쓰일 수 있습니다. 조금 더 줄여서 gotta 이렇게 일상적인 편한 자리에서 쓸 수 있어요.

---

④ It's **heart**breaking. **That** love **sto**ry.
　　 d d　　　　 D　　　 D　 D'　 D

heartbreaking은 직역하면 심장이 고장 나는 거죠. 갑자기 백지영 님의 노래가 생각나네요. 백지영 님이 노래 부르실 때 느껴지는 감정이 바로 heartbreaking 한 감정입니다.

it's **heart**breaking. dd D 리듬이죠. heart에서 확 하고 내뱉어주세요. heart+ breaking 은 t + b(자음) 구조죠. 그래서 heat 다음에 호흡을 살짝 끊고 breaking을 이어줘요.

That love **sto**ry. 다 내용어지만 어디에 힘줄지는 본인이 결정해요. 영상에서는 '그' 러브스토리 말이야. 이런 뉘앙스를 주고 싶어서 **That** love story 여기에 힘을 준 거죠.

자, 이제 소리튜닝 반복 훈련을 시작해볼까요?

🎧 MP3 파일 듣기

① **That movie kills** me.
② You know, what I **love**?
③ I gotta **say**, is that **li**ttle mini-**sto**ry in "**Up**".
④ It's **heart**breaking. **That** love **sto**ry.

| TIP | 완전히 외울 때까지 발음하면서 Writing도 반복하세요! |

훈련 체크 ☐☐☐☐☐☐☐☐☐☐

Part 4 한–영 훈련

①그 영화 정말 죽여줘요.
②제가 진짜 좋아하는 게 뭐냐면요…
③말해야겠네요. 〈업〉에 나오는 미니스토리예요.
④정말 가슴 아파요. 그 러브 스토리요.

| TIP | 소리튜닝 배운 대로 하루 동안 틈나는 대로 무한 반복해서 외우세요! 한글을 보면서 영어문장이 자동적으로 떠오를 때까지. |

훈련 체크 ☐☐☐☐☐☐☐☐☐☐

kills me

죽겠다, 죽여준다

> 나의 모든 감정, 슬픔일 수도 있고, 재미일 수도 있고, 아픔일 수도 있고, 이런 감정을 조금 더 오버해서, 극대화해서 표현한다고 생각하면 되겠죠. 우리도 '죽겠다'는 표현을 할 때는 되게 오버한 감정을 표현하는 거죠. '배고파.' 할 수도 있지만 '배고파 죽겠네!' 할 수도 있잖아요. 말 그대로 '쥑이네~'가 어울립니다. 물론 어떤 상황이 나를 죽게 할 정도라는 표현으로도 씁니다. '나를 죽게 만드네. 너 참 재미있다, 너 참 웃긴다, 웃겨 죽겠다.' 이 정도의 표현이 가능합니다.

1. That girl is so good looking she kills me.
   (저 여자 정말 예쁘다. 죽인다.)

2. My legs are killing me.
   (다리 아파 죽겠어.)

3. You are so funny. You're killing me.
   (너 때문에 웃겨 죽겠어!)

4.

5.

Will you knock it off?
그만 좀 할래?

2015년 10월 1일, 미국 CBS의 〈스티븐 콜베어 쇼(The Late Show with Stephen Colbert)〉에 영화배우 톰 행크스가 출연했습니다. 스티븐 콜베어가 톰 행크스에게 자꾸 이상한 질문을 하니까 "그만 좀 할래? (무섭거든!)"이라고 하는 장면입니다.

Part 1 | 오늘의 예습 Today's Preview

🎧 MP3 파일 듣기

① You ever think that maybe our solar system is just an atom in some giant's finger?

② Will you knock it off, man?

③ Hey, hey, Tom?

④ Yeah?

① 우리의 태양계가 단지 어떤 거인 손에 있는 원자라고 생각해본 적 있어?

② 이봐~ 그만 좀 할래?

③ 이봐 톰~

④ 응?

단어와 표현

＊solar [ˈsoʊ 소울럴] ① 태양의 ② 태양열을 이용한

＊atom [ˈætəm 애럼] 원자

＊giant [ˈdʒaɪənt 자이언트]
　명사: ① 거인 ② 거대한 사람(동물, 식물) ③ 거대 조직 형용사: 거대한, 위대한

＊knock off ① 그만두다, 끝내다 ② 값을 깎아주다

① **You** ever **think** that
  d   d   D   d

maybe our **so**lar **sys**tem is
  d   d   D   D'   d

just an **a**tom in some **gi**ant's **fin**ger?
 d   d   D   d   d   D   d   D'

② Will you **knock** it off, **man**?
  d   d   D   d d   D

③ Hey, hey, **Tom**?
  d   d   D

④ **Yeah**?
  D

> **Main Sentence**
>
> Will you **knock** it off, **man**?
> d   d   D   d d   D

Will you **knock** it off? 또는 **Knock** it off? 일상 회화에서는 쓰실 수 있겠지만 formal한 데서는 안 쓰시는 게 좋겠죠. 한국어로 치자면, '그만할래?'보다 조금 더 어울리는 표현은 '집어치울래?' 정도가 되겠습니다.

<u>Will you.</u> 힘들어가지 않죠.

knock. 이게 들리셔야 돼요. d d D 리듬입니다.

knock it off. 이 세 단어는 이어질 수 있습니다. knoc**k** i**t** o**ff** 다 자음 + 모음 구조입니다. 'knockitoff' 이렇게 이어서 소리 내세요.

① **You** ever **think** that maybe our **sol**ar **sys**tem is
　　d　　d　　 D　　 D　　 d　　　d　　　D　　　 D'　　 d

just an **a**tom in some **gi**ant's **fin**ger?
　d　　d　　 D　　 D　　 d　　　 D　　 d　　 D'

You ever think. 원래는 think가 가장 힘이 들어가는 부분이지만, 영상에는
you에 훅! 넣어줬어요. '당신' 생각해봤어? 이런 느낌을 살리고 싶었던 거죠.
that maybe our **solar** system. d d d D D'. that maybe our까지 입에
서 긴장되지 않고 편하게 이어서 나오게 연습합니다. 그리고 **sol**에서 훅! 뱉어주시
고 들어오는 소리에 정확한 발음으로 system을 처리해주세요. Solar system
은 태양계죠. 한 단어처럼 나옵니다.

일단, 긴 문장이니 여기까지 이어볼게요.
You ever **think** that maybe our **solar** system.

이 긴 문장도 상당히 빨리 말하는 사람도 있겠지만 스티븐 콜베어는 천천히 의미단
위씩 얘기하는 느낌이에요. 이렇게 빠르게 말하려고 노력하지 않아도 됩니다.

is just an. 힘 들어가지 않아요. 그리고 다 이어지는 소리입니다. 'is justan' 이렇
게 복화술 하듯 빠르게 그리고 편하게 처리합니다.
atom. 큰 a입니다. 입 최대한 크게 벌리고 훅! **a**tom의 a만 뱉어주세요. 뒤에 t는
ㄷ이나 ㄹ 소리 내줍니다. 여기도 역시 t에 강세가 없으니까 ㄷ이나 ㄹ 소리가 나
와요.

다음 의미단위 해볼게요.
in some **giant**'s **fin**ger. 이 의미단위에서 훅! 던지는 소리는 giant입니다.
giant에서 g 소리는 j 소리입니다. giant에 훅 뱉고 올라오는 소리에 finger 정확
한 발음으로 처리합니다. 훅 뱉지 않는 내용어도 어쨌든 내용어이기 때문에 중요해
요! 꼭 정확한 강세 생각해서 제대로 소리 내줍니다.

② Will you **knock** it off, **man**?
   d   d   **D**   d d   **D**

Will you **knock** it off? 대표문장이죠. 그만 좀 해, 무서워. 이 정도의 뉘앙스가 들어갔죠. 일상 회화나 영화에서 정말 많이 들어볼 수 있어요. 같은 표현으로는 '**cut it out!**'이 있습니다. 누군가 짜증나는 행동을 계속 할 때, "그만 좀 끊어!"라는 느낌 으로 말할 수 있어요.

③ Hey, hey, **Tom**?
   d   d   **D**

톰을 또 부릅니다. <u>Hey, hey.</u> h 음소단위 살려서 훅! 하고 뱉으면서 소리 내줍니다. Hey! hey, Tom?

④ **Yeah**?
   D

톰 행크스가 대답하죠.

자, 이제 소리튜닝 반복 훈련을 시작해볼까요?

① **You** ever **think** that maybe our **so**lar **sys**tem is just an **a**tom in some **gi**ant's **fin**ger?

② Will you **knock** it off, **man**?

③ Hey, hey, **Tom**?

④ **Yeah**?

TIP 완전히 외울 때까지 발음하면서 Writing도 반복하세요!

훈련 체크 ☐☐☐☐☐☐☐☐☐☐

Part 4 한-영 훈련

①우리의 태양계가 단지
   어떤 거인 손에 있는 원자라고 생각해본 적 있어?

②이봐~ 그만 좀 할래?

③이봐 톰~

④응?

TIP 소리튜닝 배운 대로 하루 동안 틈나는 대로 무한 반복해서 외우세요! 한글을 보면서 영어문장이 자동적으로 떠오를 때까지.

훈련 체크 ☐☐☐☐☐☐☐☐☐☐

Will you knock it off?

집어치워! 그만해!
stop doing something, stop doing that

> '짜증나니까 그만할래?' 일상 생활에서 많이 쓰이는 표현이에요. 누군가가 짜증스러운 행동을 계속할 때 쓸 수 있어요. 살짝 과격한 표현으로 한국어로 '집어치워!' 정도의 어감이 어울려요.

1. Knock it off, you two!
   I don't want to see any more fight!
   (집어치워, 너희 둘! 더 이상 싸우는 거 보고 싶지 않아!)

2. Knock it off, will you? I'm trying to work.
   (조용히 좀 해줄래? 나 일하려 하잖아.)

3. A: Knock it up, okay? (그만 좀 할래?)
   B: What? (뭐?)
   A: Stop tapping the table! (탁자 그만 쳐!)

4.

5.

Day 52
대표문장

You're hilarious on the show
쇼에서 당신 정말 웃겨요

2012년 8월 10일, 미국 TBS의 토크쇼 〈코난 쇼〉에 배우 맷 르블랑이 출연했습니다. 〈프렌즈〉에서 조이 역할로 유명하죠. 이때에는 〈에피소드〉라는 드라마를 찍고 있었나봐요.

Part 1 오늘의 예습 Today's Preview

MP3 파일 듣기

① I'm a huge fan of 'Episodes'
and really love the show.
② You're hilarious on the show.
③ It's a great idea.
④ It's been a lot of fun.

① 제가 〈에피소드〉 드라마 완전 팬이에요. 정말 좋아해요.
② 쇼에서 당신 정말 웃겨요.
③ 발상도 좋아요.
④ 정말 재미있었어요.

단어와 표현

∗ **huge** [hjuːdʒ 휴ᶻ]
　① (크기 · 양 · 정도가) 막대한, 거대한 ② (비격식) 크게 성공한
∗ **hilarious** [hilέəriəs 힐**레**어리어ㅅ]
　아주 우스운, 재미있는

① I'm a **huge fan** of 'Episodes'
d d d   **D** **D' d**   **D**

and **real**ly **love** the **show**.
d **D** **D' d** **D**

② You're hi**la**rious on the **show**.
d d   **D**   d d **D**

③ It's a **great** i**dea**.
d d d **D**   **D'**

④ It's been a **lot** of **fun**.
d d d d **D' d** **D**

Main Sentence

You're hi**la**rious on the **show**.
d d   **D**   d d   **D**

<u>You're hi**la**rious.</u> 이 의미단위의 리듬은 dd D입니다. 단순한 리듬인데 hi**la**rious 이 단어가 좀 힘들 수 있어요. [hilέəriəs] 발음 기호를 보면 la의 소리가 lea 이렇게 나옵니다. 그래서 [힐**레**어리어ㅅ] 이렇게 소리가 납니다.

<u>on the **show**.</u> d d D. show에서 sh 음소단위는 기억나시죠? 입술을 오리처럼 뒤집고 이는 6개 정도가 균등하게 보이고요. 새는 소리예요. 잘 샐 수 있도록 혀는 아랫니 뒤에 붙여주고 이를 살짝 벌려줍니다. 쟤! 이번엔 ow 음소단위입니다. ow는 [ou] 발음이에요. 그래서 '쇼'가 아니라 '쇼우'라고 소리 냅니다.

쟤! 이제 음소단위들 다 이어볼게요. <u>You're hi**la**rious on the **show**</u>. dd D d d D. 약간 오버하면 la에 힘 더 주셔도 괜찮아요. "너 웃겨〜" 이런 말이니까 웃으면서 말하면 더 자연스럽겠죠.

① I'm a **huge fan** of '**E**pisodes'
   d d d   D   D' d   D

  and **rea**lly **love** the **show**.
  d   D   D' d   D

<u>I'm a **huge** fan of '**E**pisodes'</u>.
<u>I'm a **huge**</u>. 여기서 huge는 완전 팬이라고 강조하기 위해서 쓰는 단어니까 훅! 하고 뱉어주세요. I'm a는 'I'ma' 이런 느낌으로 이어주고 huge에서 훅! 뱉고 올라오는 소리에 <u>fan of</u>까지 처리합니다. 이 두 단어도 이어지죠. 'fanof' 이렇게요. 그리고 다음 단어인 **E**pisodes의 강세 **E**에 훅! 다시 한 번 나갑니다. Episodes의 s는 단어가 d(유성음)로 끝나니 z 소리가 납니다.

다음 의미단위 가볼게요.
<u>and **rea**lly love the **show**</u>. 이 의미단위에서 내용어는 really, love, show 입니다. 다 훅! 던져주기에는 내용어가 좀 많죠. 영상에서는 really와 show에 뱉어 줬어요.
<u>really</u>할 때 음소단위 r 장착해서 '우' 하고 시작합니다. really에 뱉고 올라오는 소리에 <u>love the</u>까지 처리합니다. love는 여전히 내용어니 정확히 소리를 전달해줍니다. <u>show</u>에서 다시 한 번 훅! 뱉어주세요.

쟤! 이제 모든 의미단위 다 붙여보겠습니다.
<u>I'm a **huge** fan of '**E**pisodes' and **rea**lly love the **show**</u>.

② You're hi**la**rious on the **show**.
　 d　d　　D　　　d　d　　D

대표문장 나옵니다. 웃음을 머금고 얘기하는 게 더 어울리겠죠?

③ It's a **great** i**dea**.
　 d d d　　D　　D'

It's **great** idea. dd d D D' 리듬입니다. it's 먼저 입에서 편하게 힘 빼고 연습하다가 great에서 확 뱉어주세요. 그리고 돌아오는 소리에 i**dea** 강세, 발음 생각해서 처리해주세요.

④ It's been a **lot** of **fun**.
　 d d　d　　d D'　d　D

It's been a. 완벽한 다 기능어죠. 확 죽이세요. 먼저 입에서 편하게 나오게 연습하세요. 복화술하듯이 입에 긴장이 들어가지 않은 상태에서 먼저 연습합니다. 'it's beena' 이렇게 이어서 소리 내면 더 편합니다.

a lot of **fun**. 'lotof', '라로브' 이렇게 이어서 하다가 윗니로 아랫입술을 살짝 물면서 fun 하고 훅! 뱉어주세요. lot이나 fun 둘 중 어느 것에 더 훅! 힘을 주느냐에 따라 느낌이 조금 달라집니다.

> **소리규칙**　세 단어로 이루어져 있다면 가운데 단어가 올라온다
> a lot of처럼 세 단어로 이루어져 있는 것들은 보통 가운데 단어가 음이 올라와요.

자, 이제 소리튜닝 반복 훈련을 시작해볼까요?

① I'm a **huge fan** of 'Episodes'
   and **real**ly **love** the **show**.
② You're hil**ar**ious on the **show**.
③ It's a **great** i**dea**.
④ It's been a **lot** of **fun**.

> **TIP**   완전히 외울 때까지 발음하면서 Writing도 반복하세요!

훈련 체크 ☐☐☐☐☐☐☐☐☐☐

Part 4 한-영 훈련

①제가 〈에피소드〉 드라마 완전 팬이에요. 정말 좋아해요.
②쇼에서 당신 정말 웃겨요.
③발상도 좋아요.
④정말 재미있었어요.

> **TIP**   소리튜닝 배운 대로 하루 동안 틈나는 대로 무한 반복해서 외우세요! 한글을 보면서 영
> 어문장이 자동적으로 떠오를 때까지.

훈련 체크 ☐☐☐☐☐☐☐☐☐☐

hilarious

정말 웃기다
very funny, extremely funny, a high degree of humor

'웃기다'라는 뜻이죠. 유머감각이 있다는 뜻으로도 쓰일 수 있어요. You're hilarious. 이러면 '너 웃기다'라고 말할 수도 있겠지만, '너 참 유머감각 있구나.'라는 뜻으로도 해석이 가능할 때도 있겠죠. 그럴 때도 역시, You have great sense of humor. great sense of humor. 즉 You're hilarious. 기억해두세요.

1. Her jokes are absolutely hilarious.
   (걔 농담은 정말 웃겨.)

2. What is the most hilarious movies you watched?
   (네가 봤던 영화 중에 가장 웃겼던 건 뭐야?)

3. Which is the most hilarious episode of 'FRIENDS'?
   (〈프렌즈〉 중 가장 재미있는 에피소드는 뭐예요?)

4.

5.

You have got to be kidding
말도 안 돼

2017년 1월 5일, 〈더 레이트 레이트 쇼〉에 영화배우 타라지 P.헨슨과 짐 파슨스가 출연했습니다. 짐 파슨스는 〈빅뱅이론〉에서 천재로 나오죠. 제임스 코든이 특이한 제안을 합니다. 수학 공식을 누가 잘 쓰는지 게스트와 배틀해보자고 하네요.

Part 1 오늘의 예습 Today's Preview

🎧 MP3 파일 듣기

① Shall we see who is better here
   at writing well known math formula.
② We can't. I just told you. I'm bad.
③ I have two markers for you.
④ You have got to be kidding.

① 잘 알려진 수학 공식을 누가 더 잘 쓰나 볼까요?
② 못해요. 방금 말했잖아요. 잘 못한다고.
③ 저는 여러분을 위해 두 개의 마커를 가지고 있어요.
④ 말도 안 돼! 농담이죠?

단어와 표현

* **shall** [ʃæl 쉘]
  ① ~ 일 것이다 (주어 I와 we뒤에 쓰임) ② 의문 형태로 제의, 제안, 요청 할 때 쓰임
* **well-known** ① 유명한, 주지의, 잘 알려진 ② 친한, 친숙한
* **formula** [ˈfɔːrmjələ 퍼뮬러] ① 공식, 식 ② 방식 ③ 제조법
* **marker** [ˈmɑːrk- 말~껄]
  ① (위치를 나타내는)표지, 표시물 ② (존재, 성격을 나타내는) 표지, 표시물 ③ 매직펜
* **kid** [kid 키드] 명사: ① 아이, 어린이 ② 풋내기, 신인 동사: ① 놀리다, 장난치다

① Shall we **see** who is **be**tter **here**
　　d 　　d 　　**D** 　　D 　d 　　**D** 　　　**D**

at **wri**ting **well known math for**mula.
d 　**D** 　　　**D** 　　　**D'** 　　　**D** 　　　**D'**

② We **can't**. I just **told** you. I'm **bad**.
　d 　　**D** 　d d 　　**D** 　d 　d d 　**D**

③ I **have two mar**kers for you.
　d 　**D'** 　　**D** 　　　**D** 　　d 　d

④ You have **got** to be **ki**dding.
　d 　　d 　　**D** 　d d 　　**D**

Main Sentence

You have **got** to be **ki**dding.
d 　　d 　　**D** 　d d 　　**D**

'이건 현실이 아니야, 말도 안 돼.' 이런 느낌으로 쓸 수 있습니다.

<u>You have</u> 할 때 have에 거의 힘을 안 줘서 보통 You've로 줄여 말합
니다.
<u>You've **got** to be.</u> got에서 끊어주는 느낌이 있어요. got to는 gotta
라고 끊어지는 느낌 없이 빠르게 할 수도 있고, 이번 영상처럼 힘 주어 강
조하면 스탑 t 처리, 즉 끊는 느낌을 살려줄 때도 있습니다. 영국식 영어가
영상처럼 끊어서 소리 내는 편입니다.

kidding. '키딩'이라고 소리 내면 살짝 불편합니다. 강세가 들어가는 않는 d도 t처럼 ㄹ 소리를 냅니다. 그래서 '키링' 이렇게 소리 낼 수 있어요.

TIP have, have got, must

have 대신에 have got을 많이 씁니다. 아무 이유 없어요. 그래서 '해야만 한다'는 뜻의 have to도 중간에 got을 넣어서 have got to 이렇게 쓸 수 있습니다. must(해야만 한다)의 의미를 갖습니다.

I have a cat. = I have got a cat.

You must be right. = You've got to be right.

You must be kidding. = You've got to be kidding.

---

① Shall we **see** who is **better here**
　　d　　d　　D　　d　　d　　D　　　D

at **writing well known math for**mula.
　d　　D　　　D　　D'　　D　　D'

Shall we **see**. d d D. Shall we는 기능어예요. 그러니까 힘이 들어가지는 않습니다. shall은 주어를 we나 I로 쓰고, 의문형으로 쓸 때는 제안의 의미로 쓰입니다.

see에서 ee 음소단위는 입을 쫙 옆으로 벌리며 미소를 크게 짓는다는 느낌으로 소리 내주세요. 이 문장에서 see는 '보다'라는 의미가 아니라, '알아보다'의 의미로 쓰였습니다.

who is **better here**. d d D D. be에 훅! 뱉어주고 나서 바로 나오는 here에도 힘이 들어갔어요. 그렇게 둘 다 뱉어주기 위해서 살짝 쉬었다가 here에서 훅! 뱉었어요. 이렇게 하면 둘 다 힘을 주는 게 가능한 거죠. 물론 둘 중 하나만 뱉고 이어줘도 괜찮습니다. 화자가 결정해줍니다.

TIP	**here를 미국식과 영국식으로 발음하면?**

보통 미국식은 here 해서 뒤에 나오는 r에 r 처리를 해주는 편이죠. 그래서 약간 느끼하게 들리는 거죠. 그에 비해서 영국식은 중간이나 뒤쪽에 있는 r 같은 경우는 거의 발음을 안 하는 경향이 많아요. 그래서 he(r)e 이렇게 소리를 내서 담백한 소리가 나오는 거죠. 어떤 방식이든 괜찮은데 여기는 영국식이니까 영국식으로 한 번 연습을 해보는 거예요.

at **wri**ting. d D. at 힘 들어가지 않죠? writing은 영국식으로 투박하게 했죠, t 발음을 제대로 살려서. 보통 미국식은 강세가 없는 t가 ㄷ이나 ㄹ 소리가 나서 '롸이링' 이렇게 소리를 낸다면, 영국식은 강세가 없어도 t를 살려서 '롸이팅' 이렇게 소리냅니다.

well-known **math** formula. 다 내용어예요. 모든 내용어를 다 뱉어줄 수 없습니다. 그렇게 하려면 모든 소리가 끊어질 수밖에 없어요. 그래서 화자의 의도에 따라 뱉고 싶은 곳을 결정해주면 됩니다. 영상에서는 well, math에서 훅! 뱉어줬어요. well에 힘이 들어갔으니 w 음소단위 제대로 해서 소리 내주세요. 입술을 최대한 아이에게 뽀뽀해준다고 생각하고 오므리면서 훅! 던져주세요.

자~ 이제 모든 의미단위 연결해볼까요?

Shall we **see** who is **be**tter **here** at **wri**ting **well**-known **math** formula?

② We **can't**. I just **told** you. I'm **bad**.
    d   **D**   D d   **D**   d   dd   **D**

We **can't**. d D 리듬입니다. 가장 중요한 정보인 can't에서 훅! 뱉어주세요.
I just **told** you. d d D d. just told는 t가 반복적으로 나오는 경우라 하나를 빼줍니다. 그래서 마치 'justold'인 느낌으로 소리 내줍니다. 'told + you' 조합은 '톨드 유'라고 하면 불편하죠? 'd + y' 조합이라서 보통 '톨쥬'라고 소리냅니다.

I'm **bad**. dd D. bad 발음 잘하셔야 돼요. 이때 a는 apple의 a입니다. 입을 최대한 크게 벌려야 합니다.

전체 문장 이어서 말해볼게요!
We **can't**. I just **told** you I'm **bad**.

③ I **have two mar**kers for you.
    d D'   D   D   d   d

이 문장에서 내용어는 have, two, markers입니다. 이 단어들 중 어디에 뱉어도 다 괜찮습니다. 화자의 의도에 따라 중요한 거에 뱉어주면 됩니다. 이 영상에서는 **two**와 **mar**kers에 훅 뱉어줬어요. 물론 이 두 단어가 이어서 나오는데 둘 다 던져주니 two 하고 살짝 텀을 줬어요. 전체 리듬은 d D' D D d d입니다. have에서 뱉지는 않았지만, 여전히 내용어이므로 절대 뭉개서 소리 내지 않습니다.

④ You have **got** to be **ki**dding.
    d   d   D d d   D

그랬더니 짐 파슨스가 현실을 부정하고 있죠. d d D d d D. 대표문장입니다. 뒤에 me 붙여줘도 괜찮습니다. '헐, 이 상황은 뭔가요?' 하는 표정으로 말하면 잘 어울리는 문장입니다. 표정이 중요합니다.

자, 이제 소리튜닝 반복 훈련을 시작해볼까요?

I have been given endless talents
which I begin to utilize today.
나는 끝도 없는 재능을 받았으며
오늘 그것을 사용할 것이다.

① Shall we **see** who is **better here**

at **writing well known math for**mula.

② We **can't**. I just **told** you. I'm **bad**.

③ I **have two mar**kers for you.

④ You have **got** to be **ki**dding.

| TIP | 완전히 외울 때까지 발음하면서 Writing도 반복하세요! |

훈련 체크 ☐☐☐☐☐☐☐☐☐☐

Part 4 한–영 훈련

①잘 알려진 수학 공식을 누가 더 잘 쓰나 볼까요?

②못해요. 방금 말했잖아요. 잘 못한다고.

③저는 여러분을 위해 두 개의 마커를 가지고 있어요.

④말도 안 돼! 농담이죠?

| TIP | 소리튜닝 배운 대로 하루 동안 틈나는 대로 무한 반복해서 외우세요! 한글을 보면서 영어문장이 자동적으로 떠오를 때까지. |

훈련 체크 ☐☐☐☐☐☐☐☐☐☐

172

You've got to be kidding

농담이지?

You must be kidding. 같은 뜻입니다. '네가 농담해야만 해.' 이게 아니라, '농담하고 있음에 틀림없어.'라는 뜻으로 해석이 되는 거죠. 직역하면 이렇고요. 의역하면, 현실을 부정할 때 쓸 수 있어요. '이건 아니야, 말도 안 돼. 너 지금 농담하는 거지?' 이런 느낌의 의미입니다. 그래서 표정도 '헐' 하는 표정으로 말해주세요.

차가 슝 하고 지나가면서 흙탕물을 나한테 확 끼얹었어요. 그러면 뭐라고 하죠? "헐, 말도 안 돼." "이건 농담일 거야, 이건 현실이 아니야." 이럴 때 차를 향해 "You've got to be kidding me!" 이렇게 말해주세요.

1. A: I've decided to quit my job.
   (나 일 그만두기로 했어.)

   B: You've got to be kidding.
   (농담이지? 말도 안 돼!)

2. A: Is this really what they want?
   (이게 진짜 걔네가 원하는 거야?)

   B: You've got to be kidding!
   (말도 안 돼!)

3.

4.

5.

Day 54
대표문장

That fascinates me
굉장히 흥미롭네요

2012년 2월 22일, 미국의 토크쇼 〈코난 쇼〉에 영화배우 아만다 사이프리드가 출연했습니다. 아만다가 어떤 취미를 가지고 있는지에 대한 답이 나올 거예요.

Part 1 오늘의 예습 Today's Preview

🎧 MP3 파일 듣기

① I hear you have a taxidermy collection.

② That fascinates me.

③ Yes I do, Yes I do.

④ I wanna hear about that.

⑤ I have a taxidermy horse.

① 박제 모형을 수집한다고 들었어요.

② 굉장히 흥미롭네요.

③ 네, 그래요.

④ 그 얘기를 좀 듣고 싶네요.

⑤ 저는 말 박제 모형이 하나 있어요.

단어와 표현

＊ **taxidermy** [tæksidəːrmi **택**시덜미] 박제술

＊ **collection** [kəlékʃən **컬렉**션] 수집, 컬렉션, 소장품

＊ **fascinate** [fǽsənèit **패**서네이트]
    타동사: 황홀케 하다, 매혹시키다, 시선을 끌다   자동사: 흥미를 끌다, 주의를 끌다

① I **hear** you **hav**e a **tax**idermy coll**lec**tion.
  d **D**   d   **D** d   **D**   **D**

② That **fa**scinates me.
   d   **D**   d

③ **Yes** I do, **Yes** I do.
  D d d **D** d d

④ I **wa**nna **hear** about **that**.
 d **D'**   **D**   d   **D**

⑤ I **hav**e a **tax**idermy **hor**se.
 d **D** d   **D**   **D**

Main Sentence

That **fa**scinates me.
 d   **D**   d

이 문장은 fascinates에서 훅! 뱉어주면 됩니다. fascinate는 상대 귀에 fa 소리를 정확하게 꽂아줘야 합니다. 그런데 악센트 부분인 fa를 짧게 뱉지 않고 처리하면 급하게 들려요. 그리고 리듬도 안 느껴지죠. 충분히 강세 있는 부분을 길게 처리해야 합니다.

> **음소단위** f
>
> 윗니가 아랫입술을 f 하고 터지는 느낌으로 갑니다. 무성음이라서 성대가 울리지 않습니다.

① I **hear** you **ha**ve a **tax**idermy coll**ec**tion.
   d D   d   D   d   D   D

여기서 내용어는 hear, have, taxidermy, collection죠. 이것만 들어도 무슨
얘기인지 다 알죠. 그것이 바로 효율영어입니다.

I **hear**. d D. 리듬 연습 하고 영어 넣어보세요. hear 소리 낼 때 h 소리는 촛불을
세게 불어 끄는 느낌으로 휘! 하는 느낌으로 소리 내주세요.
I **hear** you **ha**ve a. d D d D d 리듬입니다. 왔다 갔다 하는 느낌의 리듬이죠.
have처럼 e로 끝나는 단어는 보통은 발음 기호로 봤을 때 e가 없습니다. 소리 규칙
은 단어 철자가 아니라 발음 기호에 적용됩니다. 그래서 v로 끝나는 거죠. 자음으로
끝나고 모음 a로 시작하니까 이어줄 수 있어요. have a 로 소리 내지 않고, 'hav(e)
a' 이렇게 이어집니다.
taxidermy coll**ec**tion. taxidermy는 **tax**i와 dermy. 이 두 가지가 합해졌
어요. 긴 단어는 1강세와 2강세가 있는 편인데, **tax**idermy는 1강세가 ta에 있고
der에 2강세가 있어요. der 소리도 어느 정도 들려줘야 한다는 말이죠.
taxidermy coll**ec**tion은 명사 + 명사 구조입니다. 복합명사 구조는 앞 단어에
힘이 더 들어가지만 소리는 이어서 내줍니다. 마치 이 두 단어가 한 단어인데, 1강세
가 ta이고 2강세가 lec이라는 느낌으로 소리 냅니다.

전체 문장 가볼까요.
I **hear** you **ha**ve a **tax**idermy coll**ec**tion.

176

② That **fa**scinates me.
    d   **D**   d

대표문장이죠. 기본적으로 여기서 That은 지시사로 내용어죠. 약한 내용어라서 어쩔 때는 힘이 들어가고 어쩔 때는 힘이 들어가지 않아요. 그래서 '**That** fascinates me.'라고 소리를 내셔도 되는데 영상에서는 That에 그렇게 힘이 들어가지 않았습니다. **fa**에 훨씬 더 많이 힘이 들어갔어요. 이런 힘 조절은 화자의 결정입니다. 어디다 힘을 주느냐에 따라 말의 느낌이 다릅니다.

③ **Yes** I do, **Yes** I do.
   D d d   **D** d d

이때는 Yes에 힘을 주기 때문에 y 소리를 제대로 내세요.

④ I **wa**nna **hear** about **that**.
  d **D'**   **D**   d   **D**

I wanna는 want to의 줄임말입니다. wanna, hear 둘 다 내용어라고 생각해서 둘 다 훅! 뱉어주면 일단 어색하고 끊어집니다. 내용어 중에서도 말하고자 하는 의도에 따라 힘을 주는 것을 조절해야 합니다. 문장에서 제일 중요한 정보가 무엇인지 먼저 파악해요. 여기서는 듣는 게 가장 중요한 정보입니다. 그래서 hear에 훅! 뱉어줬어요.

I wanna **hear** about. about 처리를 할 때는 나갔다가 들어오는 소리에 편하게 뭉개줍니다.

I wanna **hear** about **that**. that 역시 힘을 줄 수도 있고, 안 줄 수도 있는 내용어입니다. 매번 말하고자 하는 의도에 따라 다릅니다. 영상에서 코난은 that에 힘을 굉장히 많이 줬어요.

음소단위　th

돼지꼬리 소리 th[ð]는 일단 혀가 이 사이에 나왔다가 들어가는 소리인데, 유성음이라 성대가 울립니다. 그런데 돼지꼬리 소리[ð]에 강세가 들어가지 않을 때에는 이렇게 혀가 나올 수 있는 시간이 부족해요. 그래서 보통은 혀끝을 윗니 뒤쪽 혹은 이 사이에 대고 끝냅니다.

---

⑤ I **ha**ve a **tax**idermy **hor**se.
　　d　D　d　　D　　　　D

I **ha**ve a. d D d 리듬입니다. hav(e) a는 e 떼고 이어서 소리 냅니다.
taxidermy **hor**se. 앞서 설명한 바와 같이 복합명사입니다. 1강세 tax, 2강세 hor이란 느낌으로 한 문장처럼 이어서 소리 냅니다.

전체 문장 소리 내볼게요.
I **ha**ve a **tax**idermy **hor**se.

자, 이제 소리튜닝 반복 훈련을 시작해볼까요?

**영어로 말하는 게
조금 편해지셨나요?**

54일차입니다! 영어로 말하는 게 조금 편해지지 않았나요? 소리를 내는 거라든지, 듣는 것도 조금 편해지지 않았는가 생각을 해보시고요. 아직 아니라면 사람마다 시기는 다르기 때문에 기다리시면 됩니다.

① I **hear** you **ha**ve a **tax**idermy col**lec**tion.

② That **fa**scinates me.

③ **Yes** I do, **Yes** I do.

④ I **wa**nna **hear** about **that**.

⑤ I **ha**ve a **tax**idermy **hor**se.

> **TIP** 완전히 외울 때까지 발음하면서 Writing도 반복하세요!

훈련 체크 ☐☐☐☐☐☐☐☐☐☐

① 박제 모형을 수집한다고 들었어요.

② 굉장히 흥미롭네요.

③ 네, 그래요.

④ 그 얘기를 좀 듣고 싶네요.

⑤ 저는 말 박제 모형이 하나 있어요.

> **TIP** 소리튜닝 배운 대로 하루 동안 틈나는 대로 무한 반복해서 외우세요! 한글을 보면서 영어문장이 자동적으로 떠오를 때까지.

훈련 체크 ☐☐☐☐☐☐☐☐☐☐

fascinate

매료되다
interest someone a lot

> 흥미로워서 매료되는 감정입니다.

1. A: What is the one thing
   which fascinates you the most?
   (당신을 가장 사로잡는 한 가지는?)

   B: Dreams have always fascinated me.
   (꿈이 저를 항상 사로잡죠.)

2. His books fascinate me.
   (그의 책은 나의 마음을 사로잡아.)

3. Life is endlessly fascinating.
   (삶은 한없이 매력적이다.)

4.

5.

Day 55
대표문장

We'll see what happens
어떻게 되나 두고 봐야죠

영화배우 안젤리나 졸리가 2011년 12월 12일, 미국의 토크쇼 〈앤더슨 라이브 (Anderson Live)〉에 출연했습니다. 졸리는 세계 여러 나라를 돌아다니며 사는 것을 좋아하는데, 진행자 앤더슨 쿠퍼가 앞으로 정착할 생각이 있느냐고 묻네요.

Part 1 오늘의 예습 Today's Preview

🎧 MP3 파일 듣기

① Where would you settle?
② I don't want to talk about it.
③ I don't want to settle. I love travelling.
④ I love- you know,
　　but we'll see what happens.

① 어디에 정착하실 거예요?
② 그것에 대해 말하고 싶지 않아요.
③ 정착하고 싶지 않아요. 저는 여행하는 걸 좋아해요.
④ 저는 좋아하는데… 어떻게 되나 두고 봐야죠.

단어와 표현

＊settle ['setl 세를]
　　① (논쟁 등을) 끝내다, 합의를 보다　② 정착하다, 자리잡다　③ 진정되다, 진정시키다
＊travel ['trævl 츄래블]　① (특히 장거리를) 여행하다　② 이동하다
＊talk [tɔːk 톡(l 묵음)]　말하다
＊happen [hǽpən 해쁜]　일어나다, 생기다
＊happen [to do / that]　마침 …하다, 우연히 …하다

Part 2   오늘의 소리튜닝 Today's Vocal Tuning

소리튜닝 Day55

① Where would you **set**tle?
    d   d   d   **D**

② I **don't want** to **talk** about it.
  d **D'**   **D'**   d   **D**   d   d

③ I **don't want** to **set**tle. I **love** tra**ve**lling.
  d **D'**   **D'**   d   **D**   d **D'**   **D**

④ I **love**- you know,
  d **D**   d   **D'**

    but we'll **see** what **ha**ppens.
    d   d   d **D**   d   **D**

Main Sentence

We'll **see** what **ha**ppens.
d   d **D**   d   **D**

<u>We'll **see**</u>. dd D 하고 나왔어요.
We will 먼저 연습하세요. 영어를 빠르게 편하게 말하고 싶으면 기능어
연습을 많이 해야 합니다. 먼저 기능어들을 정확하게 발음해보고 점점 입
에서 긴장을 빼고 편하게 나오게 연습합니다.
We'll 소리가 편해졌으면, 그다음 see에서 훅! 뱉어주세요. s 음소단위!
중요한 포인트! 새는 소리 힘 있게 나옵니다.

<u>what **ha**ppens</u>. d D. 앞 문장 see에서 훅! 뱉고 돌아오는 소리에
what 편하게 처리해 주고, 다시 ha에서 입 크게 벌리고 훅! 또 뱉어주세

요. happen 단어에서 강세가 안 들어가는 p가 나옵니다. 된소리 나오면 편하죠? 그래서 '해쁜' 이렇게 소리 냅니다.

소리규칙 **된소리 규칙 꼭 지켜야 하나요?**

물론 그렇지 않습니다. '해픈' 해도 됩니다. 단지 된소리를 내는 게 좀 더 입에서 편하니 '그들이 보통 그렇게 한다' 정도입니다. 즉, 된소리 안내는 사람도 있습니다. 특히 영국식 영어는 된소리 규칙이 적용되지 않는 편입니다.

전체 소리 내볼게요.

<u>We'll **see** what **ha**ppens.</u> d d D d D.

리듬감이 몸에서 느껴지시죠? 뭔가 랩 하는 느낌. 한번 몸을 움직여서 리듬감을 느껴보세요.

① Where would you **set**tle?
    d   **d**   **d**   **D**

여기에서 가장 중요한 정보, 내용어는 settle입니다. 그다음에 Where 역시 의문사니까 내용어입니다. 그런데 의문사는 내용어 취급을 해줄 때도 있고 아닐 때도 있어요. 화자가 선택합니다. 이 영상에서는 힘이 그렇게 크게 들어가지 않았어요.

<u>would you</u>는 'd + y' 구조입니다. 앞서 언급했듯이 'd + y'는 j 소리로 처리하곤 합니다. 그래서 '우쥬' 이렇게 소리 냅니다. 이렇게 소리 내면 훨씬 입에서 편하죠. **se**ttle. 그다음에 훅 내뱉어서 s 소리. t에 강세가 없으니까 ㄷ이나 ㄹ 소리가 나옵니다. settle. 강세 부분에 좀 더 길게 가셔야 돼요.

d d d D 리듬 생각하면서 소리 내볼게요.

<u>Where would you **se**ttle?</u>

184

② I **don't want** to **talk** about it.
  d **D'**   **D'** d **D**   d   d

<u>I don't want to.</u> 정말 많이 쓰는 의미단위입니다. want to는 보통 wanna로 많이 줄이죠. don't와 want는 내용어지만 훅! 뱉지 않고 빠르게 처리할 때가 많습니다. 이런 표현은 I'm fine thank you, and you?처럼 입에 딱! 붙여놓으세요.

> **TIP**   I don't wanna
>
> I don't wanna 한 다음에 뒤에 하고 싶지 않은 동사만 붙여주시면 끝입니다. 연습해볼게요.
> I don't wanna eat peas. I don't wanna buy this. I don't wanna sleep now.

<u>**talk** about it.</u> '토크 어바웃 잇' 이렇게 독립적으로 따로따로 소리 내면 힘들고 빠르게 안 나와요. '**tal**kaboutit' 단어들이 전부 자음끝 + 모음시작 구조라서 다 붙습니다. 마치 tal부분이 강세인 한 단어의 느낌으로 처리해줍니다. 리듬은 D d d 이죠. 호흡은 talk에 훅! 뱉어주고 들어오는 소리에 뒷단어들 처리해줍니다.

쟈! 이제 연결해볼게요.
<u>I don't wanna **talk** about it.</u>

③ I **don't want** to **set**tle. I **love** tra**velling**.
  d **D'**   **D'** d **D**   d **D'**   **D**

<u>I don't want to **set**tle.</u> I don't wanna 또 나왔죠. 같은 방식으로 빠르게 처리하고 settle에서 훅 하고 뱉습니다.
<u>I love **tra**velling.</u> d D' D. 이 문장의 내용어는 love와 travelling입니다. 물론 두 단어 다 강조하면서 뱉을 수 있습니다. 그러면 두 단어 사이가 살짝 떨어지겠죠. 그래서 이어주고 싶으면 더 중요한 단어에 훅! 하고 던져줍니다. 이 문장에서 제일 중요한 정보는 love보다 travelling이죠.
<u>**tra**velling.</u> tra에서 훅! 뱉어줍니다. tr 소리는 '츄'라고 소리 내면 편합니다. 이 단

어에서 a는 apple의 a입니다. 입 크게 벌려주세요. 그런 후 순간적으로 v를 위해 이가 아랫입술 물고 있죠.

> **TIP** I love travelling
>
> What do you like to do on your vacation? (휴가 때 뭐하는 거 좋아해?) 이렇게 물어 보면 I love **tra**velling. (나는 여행하는 거 좋아해.) 이렇게 대답하실 수 있으세요!

④ I **love**- you know, but we'll **see** what **ha**ppens.
    d D   d   D'   d d d D   d   D

I **love**. d D 리듬입니다. love 할 때 light l 소리 생각하며, 혀끝을 입천장 시작 부분에 두고 혀끝에 힘을 주세요. 그리고 '을' 하다가 소리 내주면 알아서 혀끝에 힘이 들어갑니다.

you know에서 know가 내용어지만, 생각의 버퍼링인 추임새이기 때문에 두 단어 다 힘없이 빠르게 처리합니다.

We will **see** what **ha**ppens. 대표문장입니다. d d D d D 리듬을 연습하고 영어를 대입해볼게요.

자, 이제 소리튜닝 반복 훈련을 시작해볼까요?

외국어는
열심히 한 만큼 나올 거예요!

지금까지 굉장히 열심히 해오신 분들 있으실 거예요. 한영도 게으르지 않았고, 소리 바꾸려고 애쓰셨고, 발성도 해보려고 했고, 호흡도 해보려고 했고. 이 모든 걸 열심히 하신 분들은 말하는 거라든지, 듣는 게 조금 편해진 분들이 있으실 거예요.

사람마다 다르기 때문에 조금 차이는 있겠지만, 아무래도 외국어는 공평하지 않은가 싶어요. 외국어는 정직한 것 같아요. 내가 한 만큼 나오죠.

① Where would you **set**tle?

② I **don't want** to **talk** about it.

③ I **don't want** to **set**tle. I **love tra**velling.

④ I **love**- you know, but we'll **see** what **ha**ppens.

| TIP | 완전히 외울 때까지 발음하면서 Writing도 반복하세요! |

훈련 체크 ☐☐☐☐☐☐☐☐☐☐

Part 4 한–영 훈련

① 어디에 정착하실 거예요?

② 그것에 대해 말하고 싶지 않아요.

③ 정착하고 싶지 않아요. 저는 여행하는 걸 좋아해요.

④ 저는 좋아하는데… 어떻게 되나 두고 봐야죠.

| TIP | 소리튜닝 배운 대로 하루 동안 틈나는 대로 무한 반복해서 외우세요! 한글을 보면서 영어문장이 자동적으로 떠오를 때까지. |

훈련 체크 ☐☐☐☐☐☐☐☐☐☐

188

We'll see what happens

두고 봐야죠

> 이 표현은 도널드 트럼프 대통령이 가장 잘하는 대답으로 유명합니다. 애매하게
> 대답하고 싶을 때 참 좋은 거 같아요. 한국어로 '두고 봐야죠 뭐' 정도의 의미가
> 어울립니다.

1. How can I try again after being rejected but
   after that she said "We will see what happens."?
   (여자한테 고백했는데 거절당한 후
   여자가 "두고 봐야지 뭐."라고 했다면, 다시 고백할까요?)

2. We will see what happens
   over the next several days.
   (며칠 동안 어찌 될지는 두고 보면 알겠죠.)

3. Now, he has said, "We will see what happens,"
   and people have been fired.
   (요즘 그(트럼프)가 "두고 보면 알겠죠."라고 말하고 나면
   사람들이 해고 돼요.)

4.

5.

Wish my name was Violet

제 이름이 바이올렛이었으면 좋겠어요

현지 시각 2016년 10월 7일, 〈스티븐 콜베어 쇼〉에 영화배우 에밀리 블런트가 출연했습니다. 둘째 아이 이름이 바이올렛이라고 하는데, 그 이름에 대한 대화입니다. 영국 사람이니 영국 발음을 배울 수 있겠죠?

Part 1 오늘의 예습 Today's Preview

🎧 MP3 파일 듣기

① I love old lady names, so.

② They're coming back. They're cool.

③ Yeah! they're cool.

④ Wish my name was Violet.
   There were three Emilys growing up
   in my class.

① 저는 좀 할머니 이름들을 좋아해요.

② 유행은 다시 돌아오죠. 좋은 이름들이에요.

③ 네! 좋은 이름이죠.

④ 제 이름이 바이올렛이었으면 좋겠어요.
   제가 자랄 때 저희 반에 '에밀리'라는 이름이 3명 있었거든요.

단어와 표현

* **lady** [ˈleɪdi (을)**레**이리] ① 여자 분, 여성 ② 숙녀
* **cool** [kuːl **쿠**~얼] ① 시원한, 서늘한 ② 차분한, 침착한 ③ (비격식) 멋진, 끝내주는
* **wish** [wɪʃ **위**쉬] ① ~면 좋겠다 ② 원하다, 바라다 ③ 기원하다, 빌다
* **grow** [groʊ ㄱ**로**우] 성장하다, 자라다

① I **love old la**dy **names**, so.
  d **D**   **D'** **D**   **D'**   d

② They're **co**ming **back**. They're **cool**.
  d   d   **D'**   d   d   d **D**

③ **Yeah**! They're **cool**.
  D   d   d **D**

④ **Wish my name** was **Vi**olet.
  D'   d **D'**   d   **D**

    There were **three** Emilys **growing up**
     d   d   **D**   **D**   **D'**   d

    in my **class**.
    d d   **D**

Main Sentence

Wish my name was **Vi**olet.
  D'   d **D'**   d   **D**

I wish 많이 들어보셨죠? 에밀리 블런트의 이름이 Violet이 될 수는 없죠. 물론 개명하면 될 수는 있겠지만 그 가능성은 굉장히 낮죠. 이럴 때 쓸 수 있는 말, I wish입니다. 여기서 I가 빠졌죠. wish만 나왔어요.

이 문장에서 내용어는 wish, name, Violet입니다. 그래서 내용어에 훅! 뱉어주셔도 됩니다. 하지만 영상에서는 기능어인 my에 훅! 뱉어줬어요. '내' 이름 이런 뉘앙스를 살려주고 싶었던 거죠.

① I **love old la**dy **names**, so.
  d D D'   D   D'   d

이 문장에서는 내용어가 많이 겹쳐 있어요. 정확한 소리를 위해서 내용어의 단어를 먼저 연습해주시는 게 좋습니다. 이렇게 내용어 소리가 연달아 나올 때 입이 꼬일 수 있어요. 내용어들 사이 소리 세기 조절하면 됩니다.

I **love** old **la**dy. old 소리부터 연습하고 갈게요. 이 단어는 '올드' 이렇게 소리 내지 않습니다. dark l을 잘 살려줘야 해요. dark l은 혀를 목구멍 안쪽으로 당기면서 '얼' 하듯이 소리 냅니다. 굳이 한국어로 표현하면 [오얼드] 이렇게 발음해주세요.
I **love** old **la**dy names. 이렇게 내용어를 다 똑같은 세기로 던져주면 전부 끊어지죠. 어디다 내뱉고 어디다 뱉지 않을까를 결정해야 합니다. 그런데 아무리 뱉지 않는 내용어라고 해도 내용어는 내용어예요. 반드시 귀에 쏙 꽂아주셔야 됩니다.
에밀리 블런트는 love에 힘 들어갔고, lady의 la에 좀 더 힘이 들어간 느낌이에요. I **love** old **la**dy names. 이렇게 이어지는 거죠. **la** 나가고 그다음에 들어오는 소리에 names까지 소리를 내주는 거예요. 내용어들 사이 힘 조절은 화자가 전달하려는 뉘앙스에 따라 달리합니다.

이 문장에 특히 l 음소단위가 많네요. 다시 한 번 정리하고 가는 게 좋겠죠?

음소단위   l

음소단위 l은 사실 꽤나 어려운 소리입니다. 음소단위 l은 크게 우리가 흔히 생각하는 light l과 dark l이 있습니다.

light l : 우리가 보통 생각하는 l입니다. light l 소리는 'l + 모음' 구조입니다. 혀끝이 윗니 뒤혹은 입천장이 시작하는 시점에 닿습니다. 혀끝에 힘이 많이 들어가면 l 소리가 명료하게 들립니다. 혀끝에 힘이 잘 들어가기 위해 l 소리를 낼 때 혀끝을 윗니 뒤에 대고 '을'소리를 냈다가 나갑니다. light l 단어들로 연습해봅니다. like. lily. clean. language.

dark l : 보통 l이 모음 뒤에 올 경우입니다. 소리는 처음부터 light l처럼 혀가 윗니 뒤에 위치하지 않습니다. 처음에는 혀끝이 어느 곳도 닿지 않고 혀의 안쪽이 위로 올라가면서 목구멍 쪽으로 끌어당긴다는 생각으로 '얼' 소리를 내줍니다. 그런 다음 light l처럼 혀끝이 윗니 뒤쪽에 닿고 끝납니다. dark l 단어들로 연습해 봅니다. pill. tall. milk. pool.

② They're **co**ming **back**. They're **cool**.
   d   d   D'   d   d   d   D

They are coming **back**. 여기서 They는 이름들입니다. coming **back**은 이어동사죠. 이어동사의 소리규칙 기억나시죠? 뒤에 힘이 들어가고 음이 높아진다. 그래서 coming **back** 하고 음이 높아집니다. back에 훅 하고 소리가 들어갔지만 그렇다고 c의 소리가 안 들리면 안 됩니다.

They are **cool**. d d D 리듬이에요. They are까지 힘 들어가지 않고 복화술 하듯이 멍청하게 소리 내주세요. 내 입에서 편하게 나올 때까지 기능어 연습해주고, cool에서 훅! 뱉어주세요. 여기서 cool소리가 좀 어려운데요. 이 단어의 음소를 쪼개면 'c + oo + dark l'입니다. c는 입천장 안쪽과 혀 안쪽이 닿고 스크래치 내면서 소리를 내고, 여기서 oo는 [u:] 소리입니다. 입술을 앞으로 화난 사람처럼 쭉 내밀고 길게 '우〜' 주고, dark l 소리로 마무리 해줍니다.

음소단위   oo

oo 소리가 두 가지가 있습니다. 하나는 보통 good 할 때 쓰는 음소단위입니다. 또 하나는 moon 소리예요. 사전에는 [u:]로 나와 있어요. '무우운' 장모음이죠. 오늘은 moon 할 때 소리를 배워보겠습니다. 길게 소리를 내고 '우' 하시면 돼요.

---

③ **Yeah**! They're **cool**.
   D   d   d   D

Yeah. 정확하고 명료한 소리를 내기 위해 음소단위 y를 낼 때 혀끝을 아랫니 안쪽에 대고 '(이)Yeah.' 하고 소리 냅니다.
사회자가 했던 말을 다시 반복합니다. 좋은 대화 습관이죠? 상대가 했던 말 다시 하기! 상대의 이야기를 잘 듣고 있다는 뜻도 되지만, 길게 말하는 습관을 키워줍니다.

음소단위   y
혀끝이 내 아랫니의 안쪽에 대고 '이' 했다가 나갑니다.

---

④ **Wish my name** was **Vi**olet.
  D' d D' d D

There were **three E**milys **growing up** in my **class**.
  d d D D D' d d D

Wish **my** name was **Vi**olet. 대표문장 나오죠. Wish, name, Violet만 들리면 되네요. 에밀리 블런트는 my에 힘 줬어요. 화자가 결정을 할 수 있는 거죠. **'내'** 이름이 바이올렛이었으면 좋겠어. 불가능까지는 아니지만 이름을 개명하지 않는 이상 쉽지 않은 일이죠. I wish는 그런 의미를 담고 있어요. 이 문장에서 뱉는 소리는 my와 Violet이지만, wish와 name도 내용어이기 때문에 정확한 소리를 들려줘야 됩니다. v 소리 제대로 하셔서 **Vi**olet.

There are **three E**milys. d d D D. th는 혀가 나오죠. '쓰리' 하면 안 돼요.

TIP Wish my name was Violet

I wish 다음에는 was가 아니라 were를 써야 된다고 배우셨죠? 그런데 왜 여기는 was를 썼나요? writing에서는 항상 were를 쓰시는 게 맞습니다. 그런데 speaking에서는 was도 많이 쓰는 편이에요. 둘 다 써도 괜찮습니다. 그들도 그러니까요.

TIP Emilys

복수를 쓰면 s나 es를 붙이잖아요. 그런데 y는 i로 바꾸고 es를 쓴다고 배우셨죠? 그런데 이름에 있어서는 y를 i로 바꾸지 않고 뒤에 s만 붙입니다. 그래서 Emilys라고 하시면 돼요.

---

growing **up**. 이어동사니까 up에 살짝 음이 더 올라가고 이어지죠.
in my **class**. d d D 리듬입니다.

자라면서 반에 세 명의 에밀리가 있었다는 이야기입니다. 아이에게 정말 흔하지 않은 이름을 지어주고 싶었겠죠?

자, 이제 소리튜닝 반복 훈련을 시작해볼까요?

즐겁게 훈련하다 보면
즐거워집니다

60일차가 다가옵니다. 그리고 곧 100일을 맞이하시겠죠. 지금까지 차근차근 입에 붙이고, '이렇게 재미있는 거였어?' 하는 재미도 느끼고 계시죠?

이렇게 즐겁게 하시다 보면 어느새 내가 즐겁게 훈련했던 표현이 필요할 때 훅 써지잖아요. 그 때 언어의 즐거움이 있지 않은가 싶습니다. 그날을 기대하면서 오늘도 한 번 열심히 즐겁게 훈련하도록 하겠습니다.

열심히, 즐겁게!

🎧 MP3 파일 듣기

① I **love** old **la**dy **names**, so.

② They're **co**ming **back**. They're **cool**.

③ **Yeah**! They're **cool**.

④ **Wish my name** was **Vi**olet.

There were **three E**milys **growing up** in my **class**.

> **TIP**　완전히 외울 때까지 발음하면서 Writing도 반복하세요!

훈련 체크　☐☐☐☐☐☐☐☐☐☐

Part 4 | 한–영 훈련

① 저는 좀 할머니 이름들을 좋아해요.

② 유행은 다시 돌아오죠. 좋은 이름들이에요.

③ 네! 좋은 이름이죠.

④ 제 이름이 바이올렛이었으면 좋겠어요.

제가 자랄 때 저희 반에 '에밀리'라는 이름이 3명 있었거든요.

> **TIP**　소리튜닝 배운 대로 하루 동안 틈나는 대로 무한 반복해서 외우세요! 한글을 보면서 영어문장이 자동적으로 떠오를 때까지.

훈련 체크　☐☐☐☐☐☐☐☐☐☐

Part 5

표현 저널 쓰기 Expression journal

I wish (that) + S + [과거동사 / were / 조동사 + R]

(～하지 못하지만) ～면 좋겠다

I wish I could를 제일 많이 들어보셨을 거예요. 조동사도 과거시제로 썼죠. 이럴 경우는 보통 현실이 아닌 것, 쉽지 않은 것, 이루어지기 쉽지 않은 것을 내가 바라는 거예요. unlikely or sometimes impossible.
I hope는 I wish와 같다고 생각할 수 있고, 실제로 그렇게 큰 차이가 없을 때도 있지만 뉘앙스가 완전 다를 수 있어요. I hope는 일어날 가능성이 있는 것을 바란다는 의미입니다.
예를 들어 시험 보는 친구에게 "네가 시험에서 패스하면 좋겠다."라고 말하려고 합니다. I wish you passed the exam. I hope you pass the exam. wish를 쓰면 '네가 시험을 패스할 가능성은 아주 적지만 그랬으면 좋겠어.'라는 뉘앙스가 될 수 있어요. '네가 붙을 가능성인 높기는 하지만 진짜 붙기를 바란다.'라는 순수하고 좋은 의도라면 hope를 써야 하죠.

1. I wish I could.
   (나도 할 수 있으면 좋겠어.)

2. I wish that I were a girl.
   (내가 여자면 좋겠어.)

3. I wish I were taller.
   (키가 더 컸으면 좋겠어.)

4.

5.

8주차 한영 훈련 중첩 복습

50일부터 56일까지 끝내셨습니다. 반복연습 계속해오셨나요?
복습해봅시다! 다음 한글 표현에 맞게 영어문장을 떠올리고 소리튜닝하여 발음해보세요!

DAY 50

① 그 영화 정말 죽여줘요.
② 제가 진짜 좋아하는 게 뭐냐면요…
③ 말해야겠네요. 〈업〉에 나오는 미니스토리예요.
④ 정말 가슴 아파요. 그 러브 스토리요.

DAY 51

① 우리의 태양계가 단지 어떤 거인 손에 있는 원자라고 생각해본 적 있어?
② 이봐~ 그만 좀 할래?
③ 이봐 톰~
④ 응?

DAY 52

① 제가 〈에피소드〉 드라마 완전 팬이에요. 정말 좋아해요.
② 쇼에서 당신 정말 웃겨요.
③ 발상도 좋아요.
④ 정말 재미있었어요.

DAY 53

① 잘 알려진 수학 공식을 누가 더 잘 쓰나 볼까요?

② 못해요. 방금 말했잖아요. 잘 못한다고.

③ 저는 여러분을 위해 두 개의 마커를 가지고 있어요.

④ 말도 안 돼! 농담이죠?

DAY 54

① 박제 모형을 수집한다고 들었어요.

② 굉장히 흥미롭네요.

③ 네, 그래요.

④ 그 얘기를 좀 듣고 싶네요.

⑤ 저는 말 박제 모형이 하나 있어요.

DAY 55

① 어디에 정착하실 거예요?

② 그것에 대해 말하고 싶지 않아요.

③ 정착하고 싶지 않아요. 저는 여행하는 걸 좋아해요.

④ 저는 좋아하는데… 어떻게 되나 두고 봐야죠.

DAY 56

① 저는 좀 할머니 이름들을 좋아해요.

② 유행은 다시 돌아오죠. 좋은 이름들이에요.

③ 네! 좋은 이름이죠.

④ 제 이름이 바이올렛이었으면 좋겠어요.
   제가 자랄 때 저희 반에 '에밀리'라는 이름이 3명 있었거든요.

갓주아의 8주차 소리튜닝 특강
– 닮고 싶은 영어 소리 롤 모델을 정하라!

영어를 공부할 때 가장 좋은 방법은 영화배우 한 명을 정해서 똑같이 따라 하는 것입니다. 영화배우의 소리 톤, 리듬, 입모양, 호흡, 감정까지 따라 하는 것이죠.

저는 보통 나라마다 내가 담고 싶은 목소리를 정해놓는 편이거든요. '그런 목소리의 영어를 하고 싶다, 나는 저런 목소리의 러시아어를 하고 싶다.' 이런 걸 정해놓으시고 그 사람의 영어를 많이 듣고 빙의하는 연습이 정말 좋습니다.

만약에 여성이시면 이럴 수도 있죠.

'나는 미란다 커처럼 말하는 사람이 되고 싶어.'

너무 사랑스럽게 얘기하잖아요? 그러면 미란다 커의 영상을 보고 많이 연습하면 그렇게 되실 겁니다. 그래서 언어마다 롤 모델을 하나씩 만들어놓으시는 게 좋아요. 영어도 딱 이런 식으로 훈련하시면 좋겠죠.

주의하실 점은 있습니다. 한국말 쓰는 사람들이 모든 발음이 똑같나요? 안 그렇죠. 아나운서의 발음과 평범한 사람들의 발음은 완전 다르죠. 그렇지 않나요? 마찬가지예요.

그리고 한국인 분들 중에서도 발음 때문에 한 번에 못 알아듣겠는 친구들 있지 않아요? 외국인이 이렇게 웅얼웅얼 말하는 한국 사람을 따라 하려 한다고 생각해보세요. 어려울뿐더러 발음이 좋지 않은 소리를 가지고 연습을 하면 아무래도 좋지 않겠죠?

그래서 영화를 고르실 때도 그냥 내가 좋아하는 배우만 고르는 게 아니라 소리도 잘 들어보세요. 내가 들어도 명료하게 잘 들리는 사람의 영어 소리를 따라 하는 게 훨씬 더 좋습니다.

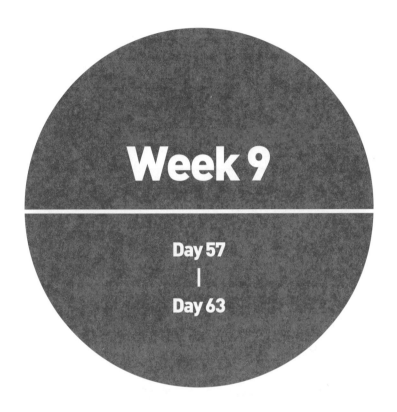

Week 9

Day 57
—
Day 63

My challenges bring me better opportunities.
나의 도전은 나에게 더 좋은 기회를 가져다준다.

Day 57
대표문장
I'm not really sure why
왜인지는 정말 모르겠어요

2009년 11월 13일 〈뉴욕 타임스(The New York Times)〉 유튜브 채널에 영화배우 메간폭스의 스크린 테스트 인터뷰를 공개했습니다. 어떻게 배우가 되었는지 묻는데, 그녀는 어렸을 때부터 배우 외에는 다른 걸 생각해본 적이 없다고 합니다.

Part 1 오늘의 예습 Today's Preview

🎧 MP3 파일 듣기

① I've just never had any desire
   to do anything else,
② and I'm not really sure why.
③ I was a swimmer when I was a kid.
④ I was on a swim team
   from the time I was five until I was 14.

① 배우 말고 그 외에 해보고 싶은 게 없었어요.
② 왜인지는 정말 모르겠어요.
③ 어렸을 때 수영을 했어요.
④ 5살부터 14살 때까지는 수영팀에 있었어요.

단어와 표현

＊desire [dɪˈzaɪə(r) 디**자**이얼]
　　명사: ① 욕수, 갈망, 바람　② 욕정, 성욕　동사: ① 바라다, 원하다　② 욕정을 느끼다
＊else [els **엘**ㅅ]　부사: ① (언급된 것에 덧붙여) 또, 그밖의 다른　② 다른
＊anything else　그 밖에 다른 것
＊sure [ʃuər **슈**얼]　틀림없는, 확실한

① I've just **ne**ver **had** any de**sire**
   d d d   D   D' d   D

   to **do** anything **el**se,
   d D' d   D

② and I'm **not real**ly **sure why**.
   d d d D   D'   D'   D

③ I was a **swim**mer when I was a **kid**.
   d d d   D   d d d d D

④ I was on a **swim team**
   d d d d   D   D'

   from the **time** I was **five** until I was **14**.
   d   d   D   d d   D   d d d   D

Main Sentence

I'm **not real**ly **sure why**.
d d D   D'   D'   D

확실치 않은 것에 대해서 말할 때 쓸 수 있는 거죠. 어떤 이유에 대해 누가
나한테 물어보면 "왜 그런지는 모르겠어." 이렇게 대답할 수 있죠.

① I've just **ne**ver **had** any de**sire** to **do** anything **el**se,
d d d **D** **D'** d **D** d **D'** d **D**

I've just **ne**ver. dd d D. I have가 줄여져서 I've. 여기까지 기능어들이죠. 기능어에 힘들어가지 않게 입에서 편하고, 빠르게 연습합니다. 특히 회화에서 많이 쓰이는 말이니, 입에 딱 붙여놓으세요. 기능어가 편하게 나오면 이제 **ne**ver에서 훅! 뱉습니다. ne 소리가 명료하게 나야겠죠? n 음소단위를 소리 낼 때 혀끝을 입천장에 대고 힘 있게 밀어내면서 소리 냅니다.

소리규칙 s + t + n

just never에서 's + t + n' 이렇게 되잖아요. t를 중심으로 자음과 자음이 있죠. 이럴 때 자음 t의 소리가 보통 빠지는 편입니다. 자음이 이렇게 많이 뭉쳐져 있으면 소리 내기가 쉽지 않거든요.

음소단위 n

입천장에 혀끝을 대고 '은' 했다가 나가요. 혀끝에 힘을 주기 위해서죠. 한국어를 할 때는 혀끝의 힘이 풀려 있어요. 그래서 혀끝에 힘을 주는 연습을 많이 하셔야 합니다.

---

had any. 자음 d 다음에 모음 a가 오니까 붙어버려요. 그래서 어떻게 되죠? had any가 아니라 'hadany'. '해대니.' 마치 한 단어라는 느낌으로 갑니다.
de**sire**. d D. 뒤에 힘 들어갑니다. 이 단어에서 s는 z 소리입니다. 즉, 같은 소리 구조이지만 유성음 소리를 내줘야 합니다.

여기까지 나온 의미단위 연습해볼게요.
I've just **ne**ver had any de**sire**.

to do anything **el**se. 이 의미단위에서 내용어는 do와 else입니다. anything else는 많이 듣고 쓰는 표현이죠. 입에 붙여놓으세요. anything은 대명사여서 기능어지만 힘이 들어갈 때도 많습니다. 이 의미단위의 리듬은 d D' d D입니다. do

가 내용어지만 훅! 뱉지 않았어요. **el**se에서 **el**만 과하지 않게 훅! 뱉어줍니다.

재! 이제 모든 의미단위를 이어서 소리 내볼게요.

I've just **ne**ver had any de**sire** to do anything **el**se,

> **TIP** 문장은 의미단위씩 끊어서 연습한다
>
> 모든 영어는 기본이 의미단위씩 연습하시는 거예요. 의미단위 내에서 소리가 끊어지면 유창하지 않
> 게 들릴 수 있어요. 의미단위와 의미단위 사이에 공간이 있는 건 괜찮습니다. 생각하는 것처럼 느껴
> 지니까요.

② and I'm **not real**ly **sure why**.
   d dd D   D' D' D

And I'm **not** really. 't + r' 나오니까 소리의 호흡이 끊어집니다. '난리얼리' 이렇
게 연음되는 느낌은 아니에요. **not** / really. 이렇게 훅! 호흡이 살짝 끊어집니다.
And I'm **not** really sure **why**. why랑 not에 힘이 더 많이 들어간 느낌이 있
죠. not에서 훅! 뱉고, 돌아오는 소리에 really와 sure까지 처리합니다. 그리고 다
시 **why**에서 훅! 뱉어주세요.

> **TIP** I'm not really sure의 구조
>
> And I'm **not** really sure **how**. (어떻게 하는 건지 모르겠어.)
> And I'm **not** really sure **what**. (뭔지 모르겠어.)
> 덧붙여서, 지난 시간에 배운 I wish I could를 붙여서 쓰면 딱 좋습니다.
> "네가 해볼래?"라는 질문에 이렇게 대답할 수 있겠죠.
> Well. I wish I could. but I'm **not** really sure **how**.
> (음, 내가 할 수 있으면 좋겠어. 그런데 어떻게 하는 건지 모르겠어.)

③ I was a **swim**mer when I was a **kid**.
  d d d   **D**   d   d   d   d **D**

<u>**swim**mer.</u> sw가 같이 있으니 입모양을 빠르게 바꿔줍니다. s 새는 소리 다음 w 를 위해 입술을 모아줍니다. swim은 강세 부분이니 입모양과 함께 훅! 뱉어주고 들 어오는 소리에 mer 처리해줍니다.

<u>I was a **swim**mer.</u>

<u>when I was a.</u> 힘 들어가지 않죠. 힘 싹 뺄게요. d d d d 기능어 연습부터 충분 히 합니다. 기능어가 뭉쳐져 있을 때, 제대로 기능어 처리를 안 하면, 입도 꼬이고 느 려집니다. 편하게 나온다 싶으면, **kid**에서 훅! 뱉어줍니다.

이제 의미단위 이어서 소리 내볼게요.
<u>I was a **swim**mer when I was a **kid**.</u>

④ I was on a **swim team**
  d d   d d   **D**   **D'**

   from the **time** I was **five** until I was **14**.
    d   d   **D** D d   **D**   d   d   d **D**

<u>I was on a **swim** team.</u>
<u>I was on a.</u> 힘 들어가는 게 하나도 없죠. 다 기능어예요. was의 s 다음에 o로 끝 나니까 이어주세요. 굳이 한글로 쓰면 '워전' 정도가 되겠죠. on의 n 다음에 또 a가 합해지죠. '워즈 온 어' 아니고 '워저너' 이렇게 소리 내면 편하겠죠? 기능어가 편해 졌으면, 이제 swim에서 훅! 뱉습니다. 이 문장에서 가장 중요한 정보죠. swim 훅! 나가고 들어오는 소리에 team 정확한 소리로 처리해줍니다.
<u>from the **time**.</u> d d D. 간단한 리듬입니다. 이렇게 간단한 리듬일 때 발성과 호 흡에 더 신경써주세요.

I was **five**. d d D 리듬입니다. five에서 훅! 뱉어주세요.

until I was **14**. d d d D. 이 문장에서 훅! 뱉어주는 단어는 14밖에 없습니다. 나머지 입에서 편하게 나오게 연습하세요. fourteen의 강세는 teen입니다. teen에서 훅! 뱉어주세요.

이제 전체 문장 연습해볼게요. 한 호흡에 가는 게 힘들면 의미단위마다 쉬면 됩니다.

I was on a **swim** team from the **time** I was **five** until I was **14**.

영상에서는 com**pe**titive(경쟁의) team이라는 단어가 있는데 우리 문장에서는 뺐습니다. 왜 메간폭스는 잘 말하다가 갑자기 굳이 이 단어를 넣었을까요? 아기 소년단 수영팀의 느낌이 아니라 선수단 정도로 해석할 수 있는, 경쟁을 위해 훈련하는 그 정도의 팀에 있었다는 것을 자랑하고 싶었던 거죠.

자, 이제 소리튜닝 반복 훈련을 시작해볼까요?

Part 3 소리 반복훈련

🎧 MP3 파일 듣기

① I've just **never** **had** any de**sire** to **do** anything **el**se,

② and I'm **not** **real**ly **sure** **why**.

③ I was a **swim**mer when I was a **kid**.

④ I was on a **swim** **team**

from the **time** I was **five** until I was **14**.

> **TIP** 완전히 외울 때까지 발음하면서 Writing도 반복하세요!

훈련 체크 ☐☐☐☐☐☐☐☐☐

Part 4 한-영 훈련

① 배우 말고 그 외에 해보고 싶은 게 없었어요.

② 왜인지는 정말 모르겠어요.

③ 어렸을 때 수영을 했어요.

④ 5살부터 14살 때까지는 수영팀에 있었어요.

> **TIP** 소리튜닝 배운 대로 하루 동안 틈나는 대로 무한 반복해서 외우세요! 한글을 보면서 영어문장이 자동적으로 떠오를 때까지.

훈련 체크 ☐☐☐☐☐☐☐☐☐

I'm not sure

확실하지 않아, 잘 모르겠어

1. I'm not sure about that.
   (그건 잘 모르겠어.)

2. I'm not sure if I can handle it.
   (내가 그걸 처리할 수 있을지 모르겠네.)

3. I'm not sure how.
   (어떻게 하는지 모르겠어.)

4.

5.

Day 58
대표문장
But it was totally worth it
하지만 완전 가치 있었죠

미국의 영화배우 크리스 프랫이 2016년 9월 20일, 〈스티븐 콜베어 쇼〉에 출연했습니다. 크리스 프랫이 무명시절 배역을 따기 위해 고군분투한 이야기를 하고 있어요. LA에서 NY로 왔다가 보험료를 안 내서 재판에 가야 했다고 해요.

Part 1 | 오늘의 예습 Today's Preview

🎧 MP3 파일 듣기

① It was for like,
   an insurance ticket that I never paid.
② And... you know... so I flew home
   and did this thing and I came back.
③ Yeah, it cost me 3,000 bucks.
④ But it was totally worth it.

① 그게 뭐 때문이냐면, 제가 지불하지 않은 보험 티켓 때문이에요.
② 그래서 다시 비행기 타고 집에 가서 그걸 하고 돌아왔어요.
③ 네, 3,000달러 들었어요.
④ 하지만 완전 가치 있었죠.

단어와 표현

* **insurance** [-'ʃʊr 인**슈**어런스] ① 보험 ② 보험업 ③ 보험금, 보험료
* **pay** [pei **페**이] ① (빚 따위를) 갚다 ② (누군가에게 임금 따위를) 치르다, 지불하다 (–for)
* **buck** [bʌk **벅**] (비격식) 달러, 랜드, 루피
* **fly** [flai **플라**이] ① (새·비행기 따위가) 날다 ② (사람이) 비행하다, 비행기로 가다
* **worth** [wɜːrθ **월**ㅆ]
   ① ~의 가치가 있는 ② ~할 가치가 있는, 해볼 만한 ③ ~의 재산을 가진
* **cost** [kɔːst **커**스트] 명사: ① 가격 ② 비용, 지출, 경비 동사: ~의 비용이 들다

① It was for like,
  d d d d

  an in**su**rance **tic**ket that I **ne**ver **paid**.
  d   **D**   **D'**   d d **D'**   **D**

② And... you know... so I **flew home**
  d   d   **D'**   d d **D**   **D'**

  and **did** this **thing** and I **came back**.
  d **D'** d   **D**   d d **D'**   **D**

③ Yeah, it **cost** me **3,000 bucks**.
  d   d **D** d   **D'**   **D**

④ **But** it was **to**tally **wor**th it.
  d d d   **D'**   **D**   d

Main Sentence

But it was **to**tally **wor**th it.
d d d   **D'**   **D** d

---

it was worth it. 이 문장은 드라마나, 영화나, 친구들에게 많이 들어보셨을 거예요. '그럴 가치가 있었어.'라는 뜻이죠. 평소에 정말 많이 쓸 수 있는 표현입니다. 입에서 편해질 때까지 연습해야 필요한 시점에서 짠! 하고 나옵니다.

① It was for like,
  d   d   d   d

an in**su**rance **tic**ket that I **ne**ver **paid**.
 d   **D**   **D'**   d d **D'**   **D**

<u>It was for like.</u> 다 기능어예요. 기능어는 복화술 하듯 입에서 빠르게 뭉개줍니다. an insurance ticket. an 다음에 in 있잖아요. 그래서 같이 이어줍니다. 그러면 'anin' '어닌' 이렇게 편하게 소리 낼 수 있습니다.

<u>in**su**rance.</u> d D d. su에 던지고 올라오셔야 해요. 한 단어 내에서 강세가 들어가는 부분이 있고 강세가 없는 부분이 있죠. 강세가 들어가는 부분은 반드시 길고, 세고, 정확하게 훅! 뱉어줍니다.
<u>in**su**rance ticket.</u> 명사 + 명사예요. 명사가 같이 있어요. 복합명사죠. 복합 명사는 앞에 단어에 힘이 들어가고 이어서 소리 냅니다.

일단 여기까지 이어서 해볼까요.
<u>It was for like an in**su**rance ticket.</u>

<u>that I never **paid**.</u> that I는 기능어입니다. 편하게 빠르게 나오게 연습합니다. 그 다음에 나오는 never paid는 둘 중에 어디에 던져줘도 상관없습니다. 화자가 결정합니다.
보통은 부정어에 힘을 주는 편이지만 영상에서는 **paid**에 훅! 뱉어줬습니다. 기능어는 죽이고, 내용어는 훅 뱉고, 내용어 중에서도 힘 조절을 할 수 있는 것은 해서 빠르게 말할 수 있습니다.

자! 이제 의미단위들을 이어볼게요.
<u>It was for like an in**su**rance ticket that I never **paid**.</u>

② And... you know... so I **flew home**
  d   d   **D'**   d d **D**   **D'**

and did this thing and I came back.
  d **D'** d   **D**   d d **D'**   **D**

you know는 필러입니다. 생각의 버퍼링입니다. 힘 주지 말고 그냥 훅 지나가듯이 해줍니다.

so I **flew** home. 리듬은 d d D D' 이죠. flew는 발음이 flu와 같습니다. [flu:] 헷갈리지만 어쩔 수 없죠! 한국어도 그런 단어들이 꽤 있으니까요. 문맥으로 알아들어야죠. flew에서 훅! 뱉고, 들어오는 소리로 home 처리하되 명료한 소리를 들려주세요.

> **TIP** fly to
>
> 'fly to + 장소'를 쓰면 '어떤 장소로 비행기 타고 가다'라는 표현을 할 수 있습니다.

and did this **thing**. 이 문장을 보면, 단어들이 다 자음으로 시작하고 자음으로 끝납니다. 이런 경우, 자연스럽게 이어지는 단어들이 없어서 조금 불편합니다. 그래서 편하게 나오게 하기 위해서, 'did –is thing' 이렇게 this의 th가 약하게 나옵니다. 이 문장에서 내용어는 did와 thing입니다. 영상에서는 thing에 더 훅! 뱉었습니다.

여기까지 이어서 해볼게요.
so I **flew** home and did this **thing**.

and I came **back**. 이어동사라서 뒤에 힘이 더 들어가고 음이 살짝 올라갑니다.

자! 살짝 긴 단어지만 이렇게 의미단위씩 끊어서 연습한 후 이어주면 할 만하죠?
so I **flew** home and did this **thing** and I came **back**.

유성음 th (강세가 들어가지 않을 때)

th가 유성음일 경우에는 힘이 들어가지 않을 때 혀가 나올 시간이 없어요. 보통 윗니 뒷쪽에 대고 끝내주곤 합니다.

③ Yeah, it **cost** me **3,000 bucks**.
　　 d　 d　 D　 d　 D'　　 D

it cost me. d D d. 바나나 리듬입니다. 이 문장 입에 붙여놓으세요. 정말 많이 쓸 수 있는 문장이죠.

3000과 bucks 둘 다 내용어입니다. 둘 중에 어디에 힘이 들어가도 괜찮습니다. 영상에서는 bucks에 훅! 뱉어줬어요.

Yeah, it **cost** me 3000 **bucks**.

TIP cost + 사람 + 돈

'cost + 사람 + 돈'을 쓰면 '나에게 얼마의 비용이 들게 했어.'라는 말을 할 수 있습니다. it cost me 500 dollars. (나에게 500달러의 비용을 들게 했어.)

cost는 참 편한 동사입니다. (cost - cost - cost) 현재, 과거, 과거완료가 똑같아요. 시제 고민을 안 하셔도 되는 거예요. 그냥 cost 쓰면 되는 거죠.

④ **But** it was **to**tally **wor**th it.
　　 d　 d　 d　 D'　　 D　 d

But. 원래 But은 기능어라서 힘이 들어가지 않아요. 그런데 크리스 프랫은 "그런데 있잖아." 이렇게 강조하고 싶었던 거죠. 기능어인데 왜 힘을 줘요? 사람의 말이니까 일반적인 규칙은 있되 예외 상황은 항상 존재하는 겁니다.

But it was totally **wor**th it. totally에 힘을 줄 수도 있고, worth에다 힘을 줄 수도 있어요. 크리스 프랫은 **But**에 힘이 들어가고 **wor**에 힘이 들어갔어요.

totally 발음할 때 t 발음 제대로 하셔야 돼요. 뒤에 나오는 t는 강세가 없어요. 그러면 ㄷ이나 ㄹ 소리가 나오죠. 그래서 **to**tally, '토럴리' 하고 소리 내면 입에서 편합니다.

worth it. 자음 th 다음에 모음으로 시작하죠. '**wor**thit' 이렇게 붙어버리는 거죠.

음소단위	w

w 소리예요. 입이 아이에게 뽀뽀하듯이 쭉 나오고, 진동이 느껴질 정도로 힘이 들어가셔야 돼요.

자, 이제 소리튜닝 반복 훈련을 시작해볼까요?

① It was for like,

an in**su**rance **tic**ket that I **ne**ver **paid**.

② And... you know... so I **flew home**

and **did** this **thing** and I **came back**.

③ Yeah, it **cost** me **3,000 bucks**.

④ **But** it was **to**tally **wor**th it.

> **TIP** 완전히 외울 때까지 발음하면서 Writing도 반복하세요!

훈련 체크 ☐☐☐☐☐☐☐☐☐☐

Part 4 한–영 훈련

①그게 뭐 때문이냐면,

제가 지불하지 않은 보험 티켓 때문이에요.

②그래서 다시 비행기 타고 집에 가서 그걸 하고 돌아왔어요.

③네, 3,000달러 들었어요.

④하지만 완전 가치 있었죠.

훈련 체크 ☐☐☐☐☐☐☐☐☐☐

worth + N / V ing

그럴 가치가 있다
enjoyable or useful despite the fact that
you have to make an effort

> '노력을 해야 해서 힘들지만, 좋아! 그럴 가치가 있어!' 이런 의미로 쓰입니다.

1. Is getting rich worth it?

   (부자가 된다는 건 가치 있는 일일까?)

2. Is it really worth it to live to over 80 years?

   (80살 넘어서까지 사는 것이 정말 가치가 있을까?)

3. I don't know if it's worth it. Is it worth it?

   (그게 가치 있을지 모르겠어. 가치 있을까?)

4.

5.

Day 59
대표문장

It's meant a lot to us
저희에게는 정말 의미가 큽니다

2016년 9월 20일, 영국의 영화배우 엠마 왓슨이 UN에서 〈2030 아젠다: 여성, 아동, 청소년들을 위한 협력, 세계를 견인하고 변화시키기 위한 협력〉을 주제로 연설했습니다. 그 연설의 도입부분입니다.

Part 1 ┃ 오늘의 예습 Today's Preview

 MP3 파일 듣기

① Thank you, Irina,

　for such a generous introduction.

② On behalf of the entire 'HeForShe' Team,

③ I also want to thank UNESCO

　for all of their support.

④ It's meant a lot to us.

① 이리나, 이런 과분한 소개 감사합니다.

② '히포쉬' 전체 팀을 대신해서,

③ 유네스코의 모든 지원에 또한 감사드리고 싶습니다.

④ 저희에게는 정말 의미가 큽니다.

단어와 표현

＊generous [ˈdʒenərəs 줴너러ㅅ] 　① 후한, 너그러운 　② 넉넉한 　③ 관대한
＊introduction [ˌɪntrəˈdʌkʃn 인트러덕션]
　① 도입, 전래 　② 도입된 것 　③ 소개, 서문 　④ 첫 경험
＊on behalf of somebody 　～을 대신하여, 대표해서
＊entire [entáɪər 엔타이얼] 　① 전체(전부)의 　② 완전한
＊support [səpɔ́ːrt 서포ㅌ] 　① 지지하다 　② 쓰러지지 않게 하다, 의지하다

220

① **Thank** you, I**ri**na,
　　D　　d　　D

for such a **ge**nerous intro**duc**tion.
　d　　d　　d　　　D　　　　　D

② On be**half** of the en**tire** **'HeForShe'** **Team**,
　d　　D　　d　　d　　D　　　　D'　　　　D

③ I **al**so **want** to **thank** UN**ES**CO
　d　D　　D'　d　　D　　　　D

for **all** of their sup**port**.
　d　D　d　　d　　　D

④ It's **meant** a **lot** to us.
　d d　　D　　d D d d

Main Sentence

It's **meant** a **lot** to us.
d d　　D　　d D d d

---

it means a lot to me. 원래 이 문장을 많이 들어보셨을 거예요. 보통
이렇게 많이 쓰죠. 어떤 사람이 나에게 너무 감동을 줘서 이 감정을 표현
하고 싶은데, thank you밖에 모르면 뭔가 부족하죠. 아쉬워요. 이런 표
현들을 기억해두시면 좋겠죠.

① **Thank** you, **I**rina, for such a **ge**nerous intro**duc**tion.
   D   d   **D**   **D**   d   d   **D**   **D**

Thank you. D d입니다. th는 번데기 발음, 무성음이에요. 성대가 울리지 않습니다. '쌩크 유'가 아니라 Thank 나가고 들어오는 소리에 you예요. 보통 'k + y'를 이어서 '큐'로 소리 냅니다. 입에서 좀 더 편하니까요. Irina는 연설을 시작하기 전에 엠마 왓슨을 소개해준 사람입니다. 잘 소개해주셔서 감사하다는 뜻이겠죠.

for such a **ge**nerous intro**duc**tion. 보통 '〜때문에 고마워요' 할 때는 전치사 for를 쓰죠. 기능어여서 힘이 들어가지 않아요.
generous. 여기서 g는 j 소리입니다. 단어 자체의 리듬은 D d d입니다. 단어 내에서 리듬이 없으면 전체 문장의 리듬이 잘 느껴지지 않습니다. 그래서 문장을 연습하기 전에 내용어를 먼저 훈련합니다.

> **음소단위**　j
>
> generous 할 때의 g 소리는 '그' 소리가 아니라 j 소리예요. 그러니 j 소리를 연습해야겠죠. 입술은 플레어, 이 6개가 보이게 합니다. 이 상태에서 혀는 t 소리 낼 때의 치경 부분에 위치시켜요. 그래서 t의 유성음이 d죠. d 소리와 j 소리의 차이는, 나가는 건 똑같은데 입술이 다르다는 거예요.

intro**duc**tion. 이렇게 긴 단어들은 보통 1강세, 2강세가 있죠. duc이 1강세, in이 2강세입니다. 즉, 훅! 뱉는 건 duc이고, in은 다른 단어들 보다 조금 더 소리를 들려준다 정도입니다. intro가 마치 duc에게 달려간다는 느낌으로 합니다.
generous intro**duc**tion. 형용사 + 명사일 때, 보통 명사에 중요한 정보가 많기 때문에 명사에 더 힘이 들어가지만 형용사에 들어가도 상관은 없습니다.
그러면 ge에다 힘을 줘볼까요? ge에 힘은 나가도 intro**duc**tion은 대충 발음하지 않아요. 그리고 두 단어의 강세 사이에 충분히 길이가 있기 때문에 둘 다 뱉어도 단어가 끊어지지 않습니다.

이제 이어서 다 해볼까요?
Thank you, **I**rina, for such a **ge**nerous intro**duc**tion.

② On be**half** of the en**tire** **'HeForShe' Team,**
   d   D   D   d   d   D   D'   D

On be**half** of. ~를 대신하여, ~를 대표하여. 역시 많이 쓰이는 표현이죠. 소리에서 힘 들어가는 건 half밖에 없습니다. 이 소리는 l 소리가 묵음이에요. 담백해요. h로 시작해서 f로 끝납니다. 큰 a예요. 입을 쫙 찢어주시는 게 좋겠죠. 'be**ha**lfof' 이렇게 이어서 소리 낼 수 있죠. 아예 한 단어라고 생각하고 입에 붙여주세요.

> **TIP**   half의 미국식/영국식 발음
>
> 엠마 왓슨은 half를 어떻게 소리 냈어요? [hæf]로 안 하고, [ha:f]로 했어요. 영국식 소리죠. 둘 다 상관은 없습니다.

On be**half** of en**tire**. 훅 하고 나오죠. entire은 d D 리듬이에요. t 음소단위 신경 써서 훅! 뱉어줍니다.

On be**half** of en**tire** 'HeForShe' **team.**
히포쉬 팀 전체를 대신해서. 그렇게 해석할 수 있겠죠.

③ I **al**so **want** to **thank** UN**ES**CO
   d D   D'   d   D   D

    for **all** of their sup**port.**
    d **D** d   d   **D**

I **al**so want to. want to 소리는 wanna로 편하게 내주세요. 그리고 also의 al에 훅! 던져줍니다.

thank UNESCO. 기본적으로 둘 다 힘이 들어가도 되는 단어들입니다. 어디다 더 힘을 줄지는 본인이 결정할 수 있습니다.

for **all** of their sup**port**. 이 문장의 리듬은 d D d d D이죠. all 할 때 '올' 아니에요. 마치 w 소리 내듯 입술을 오므리지 않아요. 그럼 매우 정직하게 들려요. 여기서 필요한 소리는 dark l이에요.

> **음소단위**　dark l
>
> 혀 안쪽을 목구멍 쪽으로 당기고, 혀 중간이 아치형으로 살짝 올라가면서 '얼' 하고 소리 내면서, 마
> 지막에 혀끝이 입천장 시작 부분에 닿고 끝냅니다.

재! 이제 모든 의미단위 연결해볼게요.

I **al**so wanna **thank** U**NE**SCO for **all** of their sup**port**.

④ It's **meant** a **lot** to us.
　 d d　　D　　d D d　 d

대표문장 나옵니다. 제일 중요한 단어는 meant입니다. 그래서 m 음소단위를 제대
로 들려줘야 해요. 입술을 꽉 다물고 '음' 했다가 소리 냅니다.

It's **meant** a. t 다음에 또 a 모음으로 시작했으니까 이어지죠. '멘트 어'가 아니라
'meanta' '멘터' 이렇게 소리 내면 편합니다.

> **TIP**　means가 아닌 meant인 이유
>
> '우리에게 굉장히 큰 의미가 되어오고 있어요.'라는 표현을 살려주고 싶어서 has p.p를 쓴 거예요.
> 지금만 의미 있다고 생각하는 게 아니고 옛날부터 지금까지 계속 의미 있다는 표현을 할 수 있습니
> 다.

자, 이제 소리튜닝 반복 훈련을 시작해볼까요?

열심히 했는데도 늘지 않는다고
너무 조급해하지 마세요!

'저는 나름 열심히 했는데, 왜 아직도 안 들리죠? 도대체 언제쯤 들릴까요?' 그건 몰라요.

사람마다 다른 이유는 유형 차이입니다. 조금 빠르게 받아들이는 분이 있고, 조금 더딘 분이 있다. 즉, 운동 신경이 좋아서 자전거를 빨리 타는 사람도 있고, 조금 더 시간이 걸리는 사람이 있다. 이 정도 차이입니다. 큰 문제는 아니에요.

Part 3 소리 반복훈련

🎧 MP3 파일 듣기

① **Thank** you, I**r**ina,

for such a **ge**nerous intro**duc**tion.

② On be**half** of the en**tire** '**HeForShe**' **Team**,

③ I **al**so **want** to **thank** UN**ES**CO

for **all** of their sup**port**.

④ It's **meant** a **lot** to us.

> **TIP** 완전히 외울 때까지 발음하면서 Writing도 반복하세요!

훈련 체크 ☐☐☐☐☐☐☐☐☐☐

Part 4 한-영 훈련

① 이리나, 이런 과분한 소개 감사합니다.

② '히포쉬' 전체 팀을 대신해서,

③ 유네스코의 모든 지원에 또한 감사드리고 싶습니다.

④ 저희에게는 정말 의미가 큽니다.

> **TIP** 소리튜닝 배운 대로 하루 동안 틈나는 대로 무한 반복해서 외우세요! 한글을 보면서 영어문장이 자동적으로 떠오를 때까지.

훈련 체크 ☐☐☐☐☐☐☐☐☐☐

It means a lot

정말 고마워요

> "thank you."라는 표현으로 감사함을 다 담지 못할 때 쓸 수 있습니다. 감사
> 함을 표현할 때 같이 말해주시면 좋죠.

1. Thank you so much. It means a lot to me.
   (너무 고마워요.)
2. You means a lot to me.
   (너는 나에게 참 중요한 사람이야.)
3. Wow! I'm really touched. This means a lot to me.
   (와! 정말 감동받았어! 이건 정말 나에게 의미가 크다.)
4.

5.

Day 60 대표문장

This all sounds ridiculous
이 모든 게 말도 안 되게 들릴 거예요

2016년 9월 24일, 유튜브 교육 엔터테인먼트 채널 〈Heliosphere〉가 엘론 머스크의 화성 이주 계획에 대한 설명을 돕는 영상을 업로드했습니다. 하나씩 설명해주고 마지막쯤 엘론 머스크의 생각을 추측하죠.

Part 1 · 오늘의 예습 Today's Preview

🎧 MP3 파일 듣기

① Seriously?

② If you're watching this video in 2016,

③ this all sounds ridiculous.

④ No human has ever set foot on Mars.

① 진짜로요?

② 이 영상을 2016년에 보고 있다면,

③ 이 모든 게 말도 안 되게 들릴 거예요.

④ 화성에 발을 디딘 인간은 없죠.

단어와 표현

* **Seriously** [ˈsɪr- **시**뤼어슬리] 심각하게, 진지하게, 진심으로
* **ridiculous** [rɪˈdɪkjələs 리**디**큘러ㅅ]
   웃기는, 말도 안 되는, 터무니없는
* **set foot on** ～에 발을 들여놓다

① **Se**riously?
　　D

② If you're **wat**ching this **vi**deo in **2016**,
　d d d　　　**D**　　**d**　　**D**　**d**　**D**

③ this **all sounds** ri**di**culous.
　d　**D**　　**D'**　　　**D**

④ **No human** has **ev**er **set foot** on **Mars**.
　D　　**D'**　　**d**　　**D**　　**D'**　**D**　**d**　　**D**

Main Sentence

This **all sounds** ri**di**culous.
d　**D**　　**D'**　　　　**D**

---

ridiculous. 이 단어 특히 많이 들어보셨죠? 터무니없는, 말도 안 되는, 바보 같은, 이 정도의 의미로 쓰일 수 있습니다.

① **Se**riously?
　　D

<u>Se</u>riously? '시리어슬리' 이렇게 하지 않아요. Se에서 훅! 뱉어주고 반동으로 올라오는 소리를 편하게 처리해줍니다. 샜다가 나오는 s 소리 제대로 살려주셔서 Se 조금만 길게 가세요. 내용어의 악센트는 조금 더 길어야 돼요. 아마 소리가 안 들리셨을 거예요. 이건 영상의 화면에만 뜹니다. '과연?' 이 정도로 해석할 수 있겠죠.

② If you're **wat**ching this **vi**deo in **2016**,
　 d　d　d　　　　D　　　 d　 D　d　D

If you're **wat**ching this **vi**deo. d dd D d D 리듬입니다. 일단 If you're부터 편하게 입에서 나오게 연습하세요. 입에 긴장이 들어가지 않는 상태입니다. 편해졌으면 wat에서 훅! 뱉고 올라오는 소리에 ching this까지 처리합니다. 그리고 다시 video의 vi에서 훅! 뱉어주세요.

in **2016**. d D 리듬입니다. 2016은 Twenty-sixteen죠.

> **TIP** video vs. 비디오
>
> **vi**deo. 우리도 한국어로 비디오라고 하잖아요. 이런 것들에 주의하셔야 돼요. 한국어 소리랑 똑같은 것. 매니저(**ma**nager) 스케줄(**sche**dule) '어떻게 '**매**-니저' 그래? 오그라들게.' '**sche**dule 이러면 오그라들어서 못하겠다.' 이런 생각 드는 것이 보통 외래어예요. 외래어는 꼭 주의 해주세요. 내용어 악센트를 길게 훅! 던져줍니다.

> **TIP** 2016 읽는 법
>
> 2016은 어떻게 읽을까요? 가장 많이 발음하는 방법은 'Twenty-sixteen'입니다. 영상에서도 그렇게 발음하죠? 그런데 'Two-thousand sixteen'으로 발음하기도 합니다. 이렇게도 저렇게도 발음할 수 있다는 것을 인지하고 원하는 방식을 선택하면 되겠죠.

③ this **all sounds** ri**di**culous.
　 d　 D　　D'　　　　D

대표문장 나옵니다. 이 문장에 내용어가 많죠. all, sounds, ridiculous. 다 힘을 줄 수는 없어요. 그렇게 다 힘을 주면 버벅거리거나 끊어지죠. 더 중요한 것에 힘을 주는 거예요. 내용어들의 순위를 정해줍니다. 순위의 기준은 본인이 선택합니다.

영상에서는 this **all** sounds ri**di**culous. d D d D 이렇게 소리 냈죠. sounds 에 뱉지는 않아도 정확한 소리는 들려줍니다.

④ **No human** has **e**ver **set foot** on **Mars**.
  D   **D'**   **d**   **D** **D'** **D** **d**   **D**

No human has. 훅! 뱉으면서 No 제대로 들려줍니다. n 음소단위를 위해 혀끝을 입천장에 붙이고 '은'했다가 나가면 혀에 힘이 들어갑니다. 또한 o는 [ou] 소리입니다. No에서 훅! 뱉고 들어오는 소리에 human has까지 처리합니다. human은 뱉지는 않지만 정확한 소리를 들려줍니다. has는 기능어 처리합니다.

ever set **foot** on **Mars**. ever의 e에 힘이 들어갑니다. ever는 보통 강조를 하기 위해 쓰는 단어입니다. e에 훅! 들어가고 나오는 소리에 set 처리합니다.
foot on **Mars**. **foot** on 할 때 f 발음 제대로 하시고요. t로 끝나잖아요. 그다음에 o가 연결되죠. 자음 다음에 모음이 왔어요. 그러면 연결되죠. 또 t에 강세가 없으면 ㄷ이나 ㄹ 소리가 들려요. '**foo**ton' 이렇게 연결하면, '푸돈' 이렇게 소리 냅니다.
on **Mars**는 d D 리듬이죠.

전체 문장 연결해볼게요!
No human has **e**ver set **foot** on **Mars**.

자, 이제 소리튜닝 반복 훈련을 시작해볼까요?

🎧 MP3 파일 듣기

① **Se**riously?

② If you're **wat**ching this **vi**deo in **2016**,

③ this **all sounds** ri**di**culous.

④ **No human** has **e**ver **set foot** on **Mars**.

> **TIP** 완전히 외울 때까지 발음하면서 Writing도 반복하세요!

훈련 체크 ☐☐☐☐☐☐☐☐☐☐

Part 4 한-영 훈련

① 진짜로요?

② 이 영상을 2016년에 보고 있다면,

③ 이 모든 게 말도 안 되게 들릴 거예요.

④ 화성에 발을 디딘 인간은 없죠.

> **TIP** 소리튜닝 배운 대로 하루 동안 틈나는 대로 무한 반복해서 외우세요! 한글을 보면서 영
> 어문장이 자동적으로 떠오를 때까지.

훈련 체크 ☐☐☐☐☐☐☐☐☐☐

ridiculous

터무니없는, 말도 안되는, 믿기 힘든
stupid or unreasonable

1. Don't be so ridiculous!
   (말도 안 되는 소리하지 마.)

2. Do I look ridiculous in this pants?
   (이 바지 입으니까 웃겨 보여?)

3. You're being ridiculous!
   (너 말도 안 되게 굴고 있어!)

4.

5.

I think that he's managed it
제 생각에 선방하신 것 같아요

영화배우 제니퍼 로렌스와 에디 레드메인이 2015년 12월 31일, 〈그레이엄 노튼 쇼〉에 출연했습니다. 둘의 공통점은 배우를 하기 전에 모델생활을 했다는 건데요, 에디가 찍었던 사진을 보여주면서 이야기를 나누는 영상입니다.

Part 1 　오늘의 예습 Today's Preview

🎧 MP3 파일 듣기

① Look at these.
② Like it's hard to make a jumper sexy.
③ True that.
④ But I think that he's managed it.
⑤ Has wool ever looked hotter?

① 이 사진들 좀 보세요.
② 스웨터를 입고 섹시해 보이기 힘들죠.
③ 사실이죠.
④ 하지만 제 생각에 선방하신 것 같아요.
⑤ 울이 이렇게 핫해 보인 적 있나요?

단어와 표현

* **look at** ~을 살피다, ~을 보다
* **jumper** [ˈdʒʌmpə(r) 점뻐] (모직이나 면으로 된) 스웨터
* **manage** [ˈmænɪdʒ 매니지]
　① 간신히 해내다 ② 살아 나가다 ③ (합리적으로) 처리하다 ④ 운영하다
* **wool** [wʊl 우얼] ① 털, 양털, 양모 ② 털실
* **hot – hotter - hotest** ① 뜨거운, 더운, 고온의 ② (맛이) 매운 ③ 근사한, 멋진

소리튜닝 Day61

① **Look** at these.
   D   **d**   **d**

② Like it's **hard** to **make** a **jum**per **se**xy.
  d **d d** **D** **d** **D'** **d**   **D**   **D**

③ **True** that.
   D   **d**

④ But I **think** that he's **ma**naged it.
  d **d** **D**   **d**   **d d**   **D**   **d**

⑤ Has **wool** ever **look**ed **ho**tter?
  d   **D**   **d**   **D'**   **D**

Main Sentence

I **think** that he's **ma**naged it.
d **D**   **d**   **d d**   **D**   **d**

기본적으로 manage 하면 '뭔가를 힘들게 이루어낸다'는 뜻이 있어요. '가까스로 이루어내다. 쉽지 않은 일을 해내다.'라는 의미입니다.

I **think**. d D 리듬입니다. think에 훅! 뱉는 만큼 th 음소단위 제대로 내줍니다. 혀가 이 사이로 나왔다가 배에 힘을 주면 들어갑니다.
that he's. that절이 나오죠. 힘 들어가지 않습니다. 입에 긴장이 들어가지 않고 입도 많이 벌려지지 않은 상태죠. 게다가 줄였어요. he is도 아니고 he's.

that he's **ma**naged it. 일단 manage의 발음기호를 보면 [mǽnidʒ]입니다. 끝소리가 [dʒ]입니다. 이건 j 소리입니다. 유성음이죠. 유성음으로 끝나는 '–ed(과거형)'은 t가 아니라 d 소리가 납니다. 또한 manage**d it**은 자음 + 모음 구조입니다. 그래서 '**ma**nagedit' 이렇게 ma에 강세가 있는 한 단어라고 생각하고 소리를 냅니다.

자 이제 이어서 소리내볼게요.

I **think** that he's **ma**naged it.

① **Look** at these.
    D   **d**   **d**

Look. 일단은 light l 소리 제대로 내주시고요. 혀끝을 입천장 시작 부분에 붙이고 '을' 했다가 소리를 냅니다. oo 소리 나왔네요. 이때 oo 소리는 [uː]입니다. '우' 소리일까요, 아니면 말발굽일까요? 잘 생각해보세요. '루우욱' 하나요, '룩' 하고 짧게 소리가 나나요? 짧게 소리 내는 것 같죠. 그럼 말발굽 소리입니다. 말발굽 소리니까 약간 '으' 소리를 내줍니다.

at these가 둘 다 기능어입니다. 그러면 어떻게 처리할까요? 입이 편하게 복화술 하듯이 빠르게 처리합니다.

Look at 이어지죠. k로 끝나고 a로 시작하니까 붙어요. '룩! 앳'이 아니라 '루켓' 이렇게 소리를 내면 편합니다. 조금 더 빨리하면 these까지 소리 낼 수 있겠죠.

② Like it's **hard** to **make** a **jum**per **se**xy.
    d   d d   D   d   D'   d   D   D

Like it's **hard**. Like it's까지 기능어죠. 입에서 편하고 빠르게 복화술 하듯이 먼저 연습합니다. 그리고 편해졌으면, hard 하고 훅! 뱉어줍니다.

hard to. d 옆에 자음 t가 옆에 있을 때는 d가 보통 빠집니다. 소리규칙입니다. hard to는 '하드 투'라고 하지 않고 d가 중간에 빠져서 'har(d) to' 정도의 소리가 나오는 거죠.

to make a **jum**per **se**xy. make도 내용어지만 여기에서 힘을 세게 주지 않았어요. 훅 가진 않았지만 그래도 정확한 소리를 내셔야 돼요.

jumper. '점퍼' 아니라 j 소리 제대로 하셔서 나가고 들어가셔야 돼요. 미국식 영어에서는 뒤의 p에 강세가 없으면 된소리가 나와요. '퍼'는 영국 느낌이고 미국식은 '뻐' 이렇게 된소리가 나옵니다.

TIP jumper

나라마다 다르지만 기본적으로 jumper하면 우리가 생각하는 울로 된 스웨터, 혹은 수리공들이 입는 느낌의 멜빵바지를 말합니다.

---

sexy도 중요한 내용어지만 jum에서 나갔기 때문에 **jum**per **se**xy 이렇게까지 가기가 살짝 힘들 수 있어요. 절대 그러면 안 되는 건 아니에요. 두 개 다 강조하고 싶을 때는 그렇게 할 수 있는 거예요.

it's **hard** to make a **jum**per **se**xy.

직역하면 '스웨터를 섹시하게 만들기가 어렵잖아.'입니다. 의역을 어떻게 할까요? '스웨터 입고 섹시하기 어렵잖아.'

③ **True** that.
   D   **d**

True 나가고 that 먹죠. tr는 '츄' 하면서 소리 내면 편합니다.

④ But I **think** that he's **ma**naged it.
  d d D   **d**   **d d**   **D** **d**

우리 대표문장 나왔죠. 그런데 그 어려운 일을 우리 에디가 해냈네요. 이 문장에서 he's는 he has의 줄임입니다.

⑤ Has **wool** ever **look**ed **ho**tter?
  d   **D**   **d**   **D'**   **D**

wool이라는 단어를 잘 발음해야 돼요. 어려운 단어입니다. 음소단위 하나 하나가 다 쉽지 않은 단어입니다. 'w + oo + dark l' 구성이죠. 그냥 한국어처럼 편하게 '울' 하면 알아듣지 못합니다. 일단 w를 위해 입술을 뽀뽀하듯 최대한 오므리고 입술에 진동이 느껴질 정도로 힘을 줍니다. oo 역시 말발굽 소리예요. 짧게 '으' 느낌 나게 입모양을 해줍니다. 끝에 나오는 l은 dark l입니다. 혀 안쪽을 목구멍 쪽으로 당기면서 '얼' 소리를 내줍니다. 이제 다 합해서 천천히 소리 내봅니다. 정확한 소리를 낼 때 제일 좋은 건 음소단위를 하나씩 해보는 거예요.
이 문장에서 내용어는 wool, looked, hotter입니다. has 편하게 연습하다 wool에서 훅! 뱉고, ever에서 들어갔다가 looked에서 다시 훅! 뱉어주고, 들어오는 소리에 hotter 처리하지만 정확한 소리를 들려줍니다.

자, 이제 소리튜닝 반복 훈련을 시작해볼까요?

한영 연습과 저널 쓰기를
잊지 마세요!

여러분, 하실 만하시죠? 61일차 정도 됐으니까 영어에 대한 불편함이 많이 없어졌을 수 있습니다.

지금 사실 워밍업이에요. 한영 연습, 또 저널 쓰는 것. 이렇게 해서 제대로 훈련을 좀 더 하시면 너무 좋아요. 소리 튜닝에 두 가지 훈련을 더 해주시면 내가 하고 싶은 말이 많아집니다. 표현력이 많아지는 거예요.

Part 3 소리 반복훈련

🎧 MP3 파일 듣기

① **Look** at these.
② Like it's **hard** to **make** a **jum**per **se**xy.
③ **True** that.
④ But I **think** that he's **ma**naged it.
⑤ Has **wool** ever **look**ed **ho**tter?

TIP 완전히 외울 때까지 발음하면서 Writing도 반복하세요!

훈련 체크 □□□□□□□□□□

Part 4 한–영 훈련

①이 사진들 좀 보세요.
②스웨터를 입고 섹시해 보이기 힘들죠.
③사실이죠.
④하지만 제 생각에 선방하신 것 같아요.
⑤울이 이렇게 핫해 보인 적 있나요?

TIP 소리튜닝 배운 대로 하루 동안 틈나는 대로 무한 반복해서 외우세요! 한글을 보면서 영어문장이 자동적으로 떠오를 때까지.

훈련 체크 □□□□□□□□□□

240

manage

① **겨우 해내다**
   to succeed in doing something,
   expecially something difficult

② **시간을 내다, 시간을 가능하게 하다**
   to be able to attend at a particular time

1. I can't manage all this work on my own.
   (나 혼자서 이 일 다 못해.)

2. Don't worry about us - we'll manage!
   (우리 걱정 마! 우린 해낼 거야!)

3. Can't you manage any earlier?
   (좀 더 일찍은 안 돼?)

4.

5.

You could take it pretty hard
당신은 꽤 상심했을 거예요

2015년 1월 28일, 미국의 토크쇼 〈지미 키멜 라이브(Jimmy Kimmel Live)〉에 영화배우 에디 레드메인이 출연했습니다. 오스카 상을 받은 일에 대해서 이야기하는데요. 〈프렌즈〉의 제니퍼를 스토킹하다가 인사를 했다고 하네요. 그때 제니퍼가 너무 잘해줬다는 말을 하면서 인생의 '하이포인트' 이야기를 합니다.

Part 1 오늘의 예습 Today's Preview

 MP3 파일 듣기

① There've been lots of high points so far.
② Thank goodness, right?
③ I mean, if somebody disappoints you like that,
④ you could take it pretty hard.

① 지금까지 행복한 순간들이 많았어요.
② 정말 다행이죠. 그렇죠?
③ 제 말은, 만약 누군가 그렇게 실망시켰다면,
④ 당신은 꽤 상심했을 거예요.

단어와 표현

＊**high point** 가장 재미있는 부분, 좋은 부분
＊**so far** 지금까지
＊**disappoint** [ˌdɪsəˈpɔɪnt 디스어**포**인트]
　① 실망시키다, 실망을 안겨주다 ② 좌절시키다
＊**take ~ hard** ~에 몹시 괴로워하다

① There've been **lots** of **high points so far**.
 d   d   d   D   d   D   D'   D' D

② **Thank good**ness, **right**?
   D'   D   D

③ I mean,
 d   D'

   if somebody disa**ppoin**ts you like that,
   d   d   D   d   d   d

④ you could **take** it pretty **hard**.
   d   d   D   d   d   D

Main Sentence

You could **take** it pretty **hard**.
 d   d   D   d   d   D

---

take something hard. 'something을 힘들게 받아들이다, 어렵게 받아들이다.' 한국어로 자연스럽게 표현 한다면, '~때문에 괴롭다', '상심하다' 정도가 가장 적당할 것 같아요.

① There've been **lots** of **high points so far**.
 d   d   d   D   d   D   D'   D' D

There've been. 다 기능어예요. 그런데 There have 아니라 There've라고 했죠. 더 빠르게 말할 수 있어요. 입에 긴장이 들어가지 않고 편하게 나오게 합니다. ve는 그냥 윗니로 아랫입술만 살짝 물어주고 바로 been 처리합니다. '~가 있어왔어.'라는 표현이 필요할 때 딱 쓰면 되겠죠? 이 표현은 정말 많이 쓰는 표현이에요. 'I'm fine, thank you.'처럼 입에 딱 편하게 붙여놓으세요. 그러면 그다음부터는 잘 나옵니다.

There've been **lots** of **high** points. **lots of**가 아니라 합해져서 '**lo**tsof' 이런 한 단어처럼 소리 냅니다.

high points는 직역하면 높은 포인트잖아요. 다시 말해서 '인생에서 재미있었던 순간, 가장 최고의 순간' 이렇게 해석할 수 있어요. high와 points 둘 다 내용어이므로 둘 중에 하나만 더 훅! 뱉어줍니다. 영상에서는 high에 훅! 뱉었습니다.

so **far**. '지금까지'라는 의미를 갖고 있죠. 'so far, so good.' 이렇게 말하면 '지금까진 좋아.'라는 뜻입니다. d D 리듬입니다. far에서 훅! 뱉어줍니다.

② **Thank** good**ness, right**?
　　 D'　　 **D**　　　 **D**

Thank **good**ness. 둘 다 내용어입니다. 어디다 힘을 줘도 상관없습니다. 많이 강조하고 싶을 때는 둘 다 힘을 줄 수도 있습니다. 그런데 보통은 둘 중 하나에 훅! 하고 뱉어줍니다. 영상에서는 **good**ness에 나갔습니다.

음소단위　　g

c. k와 똑같은데 여기에 성대의 울림만 있으면 g라고 했어요. g 소리가 제대로 안 되는 사람은 k 소리부터 연습하세요. 입천장의 말캉한 부분, 연구개와 혀의 안쪽을 붙이고 두 부분이 서로 힘 있게 밀어주다가 스크래치 내면서 소리 냅니다. k 하면서 배에 힘 들어가는 거 느껴지시죠? 여기에다가 성대를 울려주면 g입니다.

---

③ I mean, if somebody disa**ppoin**ts you like that,
   d **D'** d   d   **D**   d   d   d

<u>I mean.</u> 생각의 버퍼링 부분입니다. 그래서 mean이라는 내용어가 있지만 기능
어처럼 빠르고 힘없이 처리해줍니다.

<u>if somebody disa**ppoi**nts you.</u> 긴 문장이지만 내용어는 disa**ppoi**nts밖
에 없습니다. 이 단어에 훅! 뱉어주고, 나머지 빠르게 처리할 수 있겠죠. disa가
ppoint한테 달려간다고 생각하세요. 강세가 들어가는 부분과 강세가 들어가지 않는
부분은 시간이 달라야 합니다. **ppoi**nt에 충분한 시간과 힘이 들어가게 합니다.

<u>like that.</u> 역시 힘들어가는 부분이 아니죠. 둘 다 기능어니 편하고 빠르게 처리합
니다.

이제 다 연결해볼까요? 다 연결해서 문장이 길어져도 내용어가 disa**ppoi**nt밖에
없죠. 이런 문장은 보통 빠르게 뭉개져서 들릴 수 있어요.
<u>I mean if somebody disa**ppoi**nts you like that.</u>

④ you could **take** it pretty **hard**.
   d   d   **D**   d   d   **D**

<u>could **take**</u>에서 could 소리 다음에 나오는 take에 집중해주세요. **could
take** 하면 어려워요. 자음이 너무 겹쳐 있거든요. d와 t는 같은 발음 구조입니다.
그래서 d 다음 t가 나오면 소리를 편하게 하기 위해서 보통 d가 빠집니다. 'coul(d)
take' 이런 느낌으로 소리 냅니다.

take에서 훅 뱉어주고 바로 올라오는 소리에 <u>it pretty</u>까지 처리해주세요. take it
역시 자음 k로 끝나고 모음 I로 시작하니 이어지죠. 'takit'이렇게 'ta'에 강세가 있는
한 단어처럼 소리 내면 편합니다. 그리고 다시 한 번 <u>hard</u>에서 훅! 뱉어주세요.

<u>You could **take** it pretty **hard**.</u>

자, 이제 소리튜닝 반복 훈련을 시작해볼까요?

Part 3   소리 반복훈련

🎧 MP3 파일 듣기

① There've been **lots** of **high points so far**.
② **Thank good**ness, **right**?
③ I mean, if somebody disa**ppoin**ts you like that,
④ you could **take** it pretty **hard**.

> **TIP**   완전히 외울 때까지 발음하면서 Writing도 반복하세요!

훈련 체크 ☐☐☐☐☐☐☐☐☐☐

Part 4   한–영 훈련

①지금까지 행복한 순간들이 많았어요.
②정말 다행이죠. 그렇죠?
③제 말은, 만약 누군가 그렇게 실망시켰다면,
④당신은 꽤 상심했을 거예요.

> **TIP**   소리튜닝 배운 대로 하루 동안 틈나는 대로 무한 반복해서 외우세요! 한글을 보면서 영어문장이 자동적으로 떠오를 때까지.

훈련 체크 ☐☐☐☐☐☐☐☐☐☐

take something hard

상심하다, 괴로워하다

> 직역하면 '～을 어렵게 받아들이다.'라는 뜻이 되죠. 그래서 의역하면 '상심하다', '괴로워하다.'라는 뜻이 됩니다.

1. She took it very hard
   when her husband died last year.
   (그녀는 작년에 남편이 죽었을 때 괴로워했다.)

2. Allen took her mother's death particularly hard.
   (앨런은 엄마의 죽음에 특히 상심했다.)

3. You take everything so hard.
   (너는 너무 모든 것을 심각하게 생각해.)

4.

5.

It will be offended
그게 기분 나빠할 거예요

2018년 4월 25일, 영국 BBC Radio가 유튜브 채널에 영화배우 베네딕트 컴버배치
와의 인터뷰를 올렸습니다. 영화 〈닥터 스트레인지〉에 나오는 망토가 있는데, 의
식이 있는 망토라서 제대로 불러주지 않으면 삐질 거라고 말하는 장면입니다.

Part 1 | 오늘의 예습 Today's Preview

🎧 MP3 파일 듣기

① When you're working with a cape
   that has a mind of its own.
② Cloak! it's a cloak.
③ I'm so sorry.
④ It's alright. It will be offended.

① 의식이 있는 케이프와 일을 할 때…
② 망토! 그건 망토예요.
③ 정말 죄송합니다.
④ 괜찮아요. 망토가 기분 나빠할 거예요.

단어와 표현

＊cape vs. cloak
   한국어로 하면 둘 다 망토인데요. 생김새가 다릅니다.
   보통 cape는 짧은 편이에요. 좀 더 길고 위엄이 느껴지는 건 cloak입니다.
＊mind [maind 마인드] 마음, 정신
＊offend [əˈfend 어펜드] ① 기분 상하게 하다 ② (도덕 등에) 위배되다

① When you're **wor**king with a **cape**
　 d　　d　d　　　D　　　d　d　D

　that **has** a **mind** of its **own**.
　 d　　D' d　　D　　d d　D

② **Cloak**! it's a **cloak**.
　 D　　　d d d　　D

③ I'm **so so**rry.
　 d d　D　　D'

④ It's al**right**. It will be of**fen**ded.
　 d d　　D　　d　d d　d　　　D

Main Sentence

It will be of**fen**ded.
d　d　d　　D

여기서 it은 망토가 되겠죠. offended 하면 '삐치다'라는 뜻을 가지고 있습니다. 단어 자체는 '삐치게 하다, 상처 입히다'라는 뜻입니다. 주어가 '삐치다'라는 말을 위해서는 'be + offended' 이렇게 표현해야 해요.

① When you're **wor**king with a **cape**
　 d　　d　d　　　D　　　d　d　D

　that **has** a **mind** of its **own**.
　 d　　D' d　　D　　d d　D

When you are **wor**king.

When you are. 다 기능어죠. 입에서 편하고 빠르게 나오게 연습합니다. 일단 기능어는 내 입에서도 편하게 나오는지가 가장 중요합니다. 내 입에서 불편하고 긴장이 들어가면 듣는 사람도 불편한 게 느껴져요.

기능어가 편해졌으면 내용어 **wor**king을 훅! 뱉어줍니다. 내용어의 단어는 제대로 음소단위 소리를 내줘야 해요. 그래야 명료하게 정확하게 의미가 전달됩니다. w를 위해 입술을 오므리고 쭉 뺍니다. 그리고 힘 있게 뱉어줄게요.

with a **cape**. with는 항상 기능어잖아요. 대부분의 경우 with의 th는 혀가 이 사이로 쭉 나오지 않습니다. 그럴 시간이 없어요. 그래서 보통 이 사이에 대고 끝냅니다. wi**th a**은 자음 + 모음 구조네요. 'witha' 이렇게 한 단어인 것처럼 편하게 '위더' 정도로 소리 냅니다. 그렇게 기능어를 연습한 후 cape에서 훅! 뱉어주세요.

일단, 여기까지만 다 이어서 연습해볼게요.
When you are **wor**king with a **cape**.

that **has** a **mind**. 이 의미단위는 앞서 나온 cape를 좀 더 자세히 설명해주려고 나왔어요. 이 의미단위에서 has와 mind가 내용어죠. 둘 중에 어디에 힘을 줘도 상관없습니다. 이 영상에서는 mind에 더 훅! 뱉어줬어요. has a 역시 자음 + 모음 구조니까 '**ha**sa' 이렇게 이어서 소리 냅니다. mind가 가장 중요한 소리이니 정확한 음소단위의 소리를 들려주세요. 음소단위 m은 '음' 했다가 소리를 내주면, 명료하게 들려요.

of it's **own**. 일단 앞 단어인 mind 와 of가 이어져요. 그래서 '**min**dof' 이렇게 한 단어처럼 '마인더ㅍ' 이렇게 편하게 소리 냅니다. of it's 역시 'ofit's' 이렇게 한 단어가 됩니다. 이렇게 다 이어지니까 입에서 편하고 빠르게 소리 낼 수 있는 거예요. 그리고 own에서 훅! 뱉어주세요. ow 음소단위는 [ou] 소리입니다. '온'이 아니라 '오온' 이런 느낌으로 소리 내세요.

자! 이제 전체 문장을 다 이어볼게요. 아무리 길어도 이렇게 의미단위마다 끊어서 연습하고 이어주면, 다 할 수 있습니다.
When you are **wor**king with a **cape** that **has** a **mind** of it's **own**.

② **Cloak**! it's a **cloak**.
  D   d d d D

cloak. 이 단어에서 oa는 [ou] 소리입니다. oa 소리를 제대로 안 내면 clock(시계) [klɑk]와 헷갈릴 수 있어요. cloak의 발음 기호 [klouk]를 보면 이해가 더 잘 될 거예요. [a]가 아니라 [ou]죠.

It's a **cloak**. dd d D 리듬입니다. '너 지금 실수하고 있는 거야.' 이런 느낌으로, 굉장히 다급하게 얘기하죠.

> **TIP** [ou] 소리의 종류
>
> [ou], 즉 '오우' 소리가 나오는 게 oa, ow, o일 때도 있습니다.
>
> oa : cloak [klouk] / ow : snow [snou] / o : no [nou], go [gou]

③ I'm **so so**rry.
  d d D   D'

so에 힘줄 수도 있고, sorry에 힘 줄 수도 있어요. 둘 다 내용어이기 때문에 어디에 뱉어도 상관은 없습니다. 뉘앙스만 바뀔 뿐이에요. 이 문장에서는 so에 훅! 뱉고, 돌아오는 소리에 sorry 처리해줬어요. sorry도 내용어이므로 강세를 생각해서 정확한 소리를 냅니다.

④ It's al**right**. It will be of**fen**ded.
  d d   D   d d d   D

It's al**right**. It's al까지 힘 들어가지 않아요. 여기까지 일단 편하게 나오게 연습한 후, right에서 훅! 뱉어줍니다.

It will be of**fen**ded. d d d D. offended 단어부터 연습할게요. 단어의 리듬은 d D d입니다. offend는 d, 유성음으로 끝났어요. 유성음으로 끝나는 -ed 과거형은 t가 아니라 d 소리가 납니다. 윗니로 아랫입술을 물고 f 소리 내줍니다.

자, 이제 소리튜닝 반복 훈련을 시작해볼까요?

🎧 MP3 파일 듣기

① When you're **wor**king with a **cape**
   that **has** a **mind** of its **own**.
② **Cloak**! it's a **cloak**.
③ I'm **so so**rry.
④ It's al**right**. It will be of**fen**ded.

TIP	완전히 외울 때까지 발음하면서 Writing도 반복하세요!

훈련 체크 ☐☐☐☐☐☐☐☐☐☐

Part 4 한–영 훈련

① 의식이 있는 케이프와 일을 할 때…
② 망토! 그건 망토예요.
③ 정말 죄송합니다.
④ 괜찮아요. 망토가 기분 나빠할 거예요.

TIP	소리튜닝 배운 대로 하루 동안 틈나는 대로 무한 반복해서 외우세요! 한글을 보면서 영어문장이 자동적으로 떠오를 때까지.

훈련 체크 ☐☐☐☐☐☐☐☐☐☐

be offended

기분 나쁘다, 삐치다, 상처받다
feel upset / annoyed / displeasured / wounded

> offend라는 단어는 많이 듣고 많이 쓸 거예요. offend 자체는 '기분 나쁘게
> 하다, 화나게 하다, 상처 입히다'라는 뜻이에요. 그래서 보통 상처 입히는 대상
> 이 뒤에 나와야 돼요. 그런데 만약 내가 '기분 나쁘다, 상처를 입다, 삐치다'라는
> 의미로 쓰고 싶다면 'be + p.p' 형태로 만들어줍니다. 'be offended' 혹은
> 'feel offended' 형태로 '삐치다'라는 감정을 표현할 수 있어요.

1. I'm sorry if I offended you.
   (제가 기분 나쁘게 했다면, 죄송합니다.)

2. I was offended by his joke.
   (걔 농담 때문에 상처받았어.)

3. I feel offended so easily.
   (나는 너무 쉽게 삐쳐.)

4.

5.

9주차 한영 훈련 중첩 복습

57일부터 63일까지 끝내셨습니다. 반복연습 계속해오셨나요?
복습해봅시다! 다음 한글 표현에 맞게 영어문장을 떠올리고 소리튜닝하여 발음해보세요!

DAY 57

① 배우 말고 그 외에 해보고 싶은 게 없었어요.
② 왜인지는 정말 모르겠어요.
③ 어렸을 때 수영을 했어요.
④ 5살부터 14살 때까지는 수영팀에 있었어요.

DAY 58

① 그게 뭐 때문이냐면, 제가 지불하지 않은 보험 티켓 때문이에요.
② 그래서 다시 비행기 타고 집에 가서 그걸 하고 돌아왔어요.
③ 네, 3,000달러 들었어요.
④ 하지만 완전 가치 있었죠.

DAY 59

① 이리나, 이런 과분한 소개 감사합니다.
② '히포쉬' 전체 팀을 대신해서,
③ 유네스코의 모든 지원에 또한 감사드리고 싶습니다.
④ 저희에게는 정말 의미가 큽니다.

DAY 60

① 진짜로요?
② 이 영상을 2016년에 보고 있다면,
③ 이 모든 게 말도 안 되게 들릴 거예요.
④ 화성에 발을 디딘 인간은 없죠.

DAY 61

① 이 사진들 좀 보세요.
② 스웨터를 입고 섹시해 보이기 힘들죠.
③ 사실이죠.
④ 하지만 제 생각에 선방하신 것 같아요.
⑤ 울이 이렇게 핫해 보인 적 있나요?

DAY 62

① 지금까지 행복한 순간들이 많았어요.
② 정말 다행이죠. 그렇죠?
③ 제 말은, 만약 누군가 그렇게 실망시켰다면,
④ 당신은 꽤 상심했을 거예요.

DAY 63

① 의식이 있는 케이프와 일을 할 때…
② 망토! 그건 망토예요.
③ 정말 죄송합니다.
④ 괜찮아요. 망토가 기분 나빠할 거예요.

TED는 최고의 영어 교재입니다. 영어 자막뿐만 아니라 한국어 자막도 제공되죠. 게다가 다양한 분야의 훌륭한 내용을 영어도 다 배울 수 있어요. 무엇보다 발표 시간이 길지 않아서 짧은 시간 동안 배울 수 있다는 장점이 있습니다. 게다가 TED 공식 홈페이지에 가면 들어볼 수 있는 강연이 주제별로 되어 있습니다. 수만 개의 10분 내외 영상들이 여러분을 기다리고 있죠. 자신이 관심 있는 분야부터 훈련을 해주면 돼요.

TED를 보면서 배울 수 있는 것이 또 있죠. 바로 스피치 능력이에요. TED에 나오는 사람들 대부분이 일반인인데도 스피치 실력이 수준급이에요. 여러분도 영어로 스피치할 수 있습니다. 스피치할 자리가 없더라도, 준비하는 것 자체로 동기부여가 되고 영어 실력은 물론 스피치 능력까지 키울 수 있어요.

1. 각 문장을 내용어와 기능어로 구분해서 리듬을 느낀다.
2. 내용어들을 강세를 정확히 지켜서 발성과 함께 제대로 소리 낸다.
3. 연습한 리듬에 영어를 입혀서 약간 과장되게 소리 낸다.
4. 연사의 소리를 들으면서 입에서 편하게 나올 때까지 따라 한다.
5. 소리를 반복적으로 들으면서 종이에 필사한다.
6. 한글 보고 튜닝한 영어 소리로 말하는 연습을 한다.
7. 거울 보고 연사의 감정과 표정을 따라서 말한다.

스피치는 TED처럼 10분 내외로 준비해요. 대본은 TED나 유명한 강연가, 혹은 정치인의 스피치를 모델링하고요. 그래서 그들의 감정, 호흡, 손짓, 입모양까지 다 따라 한다고 생각하세요. 그렇게 스피치를 준비하다 보면 그들의 성공 마인드와 말을 가슴 깊이 새기게 됩니다. 자신이 그 주제의 강연가가 된 것 같은 착각이 들기도 해요. 영어와 성공마인드, 그리고 스피치까지 익히게 되겠죠? 1석 3조네요!

Week 10

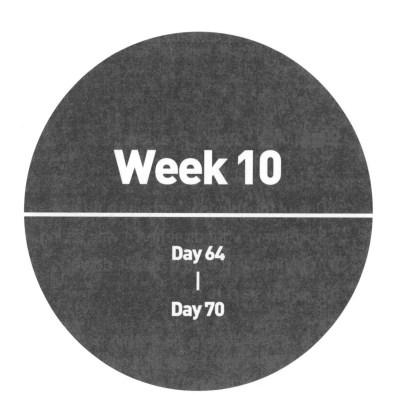

Day 64
|
Day 70

I have the power to create change.
나는 변화를 창조할 힘을 갖고 있다.

미국의 국제 콘퍼런스인 〈테드(TED)〉에서 로봇 윤리학자 케이트 달링이 〈로봇에게 감정을 갖는 이유〉를 주제로 강연했습니다. 어렸을 때 가지고 있었던 아기공룡 로봇에 대한 이야기입니다. 많은 기능을 가지고 있었다고 하네요.

Part 1 　오늘의 예습 Today's Preview

🎧 MP3 파일 듣기

① One of the things it had was a tilt sensor,
② So it knew what direction it was facing.
③ And when you held it upside down,
④ It would start to cry.

① 그것이 가진 특징 중 하나는 기울기 센서였어요.
② 그 센서로 로봇이 바라보는 방향을 알았어요.
③ 그래서 이것을 거꾸로 들면,
④ 로봇은 울기 시작할 거예요.

단어와 표현

＊**tilt** [tilt **틸**ㅌ]
　명사: ① 기울기, 경사　② (창으로) 찌르기　③ 공격; 논쟁
　동사: ① 기울다, 경사지다　② 창으로 찌르다　③ 공격/돌진하다
＊**sensor** [ˈsensə(r) **센**서]　센서, 감지기
＊**direction** [dəˈrekʃn 디**렉**션]　① 방향　② 목적, 목표　③ 지시, 명령
＊**face** [feɪs 페이ㅅ]
　명사: ① 얼굴　② 표정　③ 표면, 겉면　동사: ① 마주보다　② 직면하다　③ 대면하다
＊**hold** [hould **호**울ㄷ]　(손에) 갖고 있다, 유지하다; 붙들다, 잡다
＊**upside down** (위아래가) 거꾸로
＊**cry** [krai ㅋ**롸**이]　① 소리치다, 외치다, 소리쳐 부르다　② 울다, 짖다

① One of the **things** it **had** was a **tilt sen**sor,
d   d   d   D   d   D   d   d   D   D'

② So it **knew** what di**rec**tion it was **fa**cing.
d   d   D   d   D   d   d   D

③ And when you **held** it **up**side **down**,
d   d   d   D   d   D'   D

④ It would **start** to **cry**.
d   d   D   d   D

Main Sentence

When you **held** it **up**side **down**,
d   d   D   D   d   D'   D

---

upside down 하면 위에 있는 걸 아래로 가지고 오는 거죠. 그래서 '거꾸로'라는 의미를 갖습니다.

① One of the **things** it **had** was a **tilt sen**sor,
d   d   d   D   d   D   d   d   D   D'

<u>One of the</u>에 힘 들어가지 않습니다. 입에 긴장이 들어가지 않고 편안하게 소리 내줍니다. 아주 빠르게 10번 해볼까요? 입에서 계속 꼬일 거예요. 많이 쓰는 조합이니 만큼 편해질 때까지 많이 연습합니다.
<u>One of the **things**</u>. d d d D 리듬입니다. 'one + of'이니까 자음 + 모음 구조이니 이어서 말할 수 있습니다. 'onof' 이렇게 이어서 소리 내면

입에서 편합니다. **things**에서 훅! 뱉어줍니다. 내용어가 명료하게 들릴 수 있게 th 음소단위를 제대로 소리 내주세요. 혀가 이 사이로 살짝 나왔다가 들어가면서 소리 내줍니다. 이때 성대는 울리지 않죠.

it **had**. d D 이 리듬이죠. 여기까지 이어볼게요. 여기서 it은 로봇을 의미합니다. it had가 앞에 있는 things를 설명해주는 역할을 하죠. 그래서 해석이 '로봇이 가지고 있던 것들 중에 하나' 이렇게 됩니다. had할 때 h 소리 훅! 던져주세요.

두 의미단위를 일단 연결해서 연습해볼게요.
One of the **things** it **had**.

was a **tilt** sensor. 이 문장에서 내용어는 tilt와 sensor입니다. 명사 + 명사 구조예요. 앞 명사에 힘이 더 들어갑니다. tilt에서 훅! 뱉어주고, 돌아오는 소리에 sensor 처리해줍니다. sensor도 뱉지는 않지만, 여전히 내용어이기 때문에 정확한 강세와 발음을 해줘야 합니다.

음소단위   t

t 소리는 혀끝을 치경에 대고 서로 밀어내면서 호흡이 멈췄다가 터지는 소리입니다. 한국어의 ㅌ 소리와는 다릅니다.

모든 의미단위를 이어봅시다.
One of the **things** it **had** was a **tilt** sensor.
여기서 제일 중요한 단어는 뭐 같으세요? tilt죠. 기능은 많은 데 그 기능 중에 이 기능이 최고인 거잖아요. 효율 영어이기 때문에 내용어 중에서도 제일 중요한 내용어에 더 훅! 힘을 줍니다.

② So it **knew** what di**rec**tion it was **fa**cing.
   d d **D**   **D**   d **D**   d d **D**

So it **knew**. d d D 리듬입니다. knew의 k는 묵음입니다. 그래서 'new'와 발음이 같습니다.

what di**rec**tion. d D 리듬입니다. 일단 내용어의 단어들부터 제대로 강세와 발음을 해봅니다. direction의 강세는 rec에 있어요. '렉' 하고 터져주셔야 돼요. 그리고 d D d 바나나 리듬입니다. 'rec'의 소리를 상대 귀에 꽂아줍니다.
it was **fa**cing. face는 여기서 동사로 '바라보다'라는 뜻으로 쓰였습니다. d d D 리듬이죠. fa에 훅! 뱉고 돌아오는 소리에 cing 처리합니다.
what di**rec**tion it was **fa**cing. '그 로봇이 어느 방향을 바라보는지' 이렇게 해석할 수 있겠죠. 상대의 귀에 'rec'과 'fa' 소리만 꽂아준다 생각하고 소리 냅니다. 리듬은 d D d d D이죠. 리듬을 꼭 몸과 함께 느껴봅니다.

쟤 이제 전체 문장 해볼게요.
So it **knew** what di**rec**tion it was **fa**cing.

③ And when you **held** it **up**side **down**,
   d   d   d   **D** d **D'**   **D**

대표문장 나왔어요. And when you **held** it.
And when you 여기까지 기능어입니다. 먼저 입에서 편하게 나올 때까지 연습합니다. 편하게 나온다 싶으면 이제 held에서 훅! 뱉어줍니다. held 다음에 이어서 it이 나오죠. 그런데 hel**d it**은 자음(d) + 모음(i) 구조여서 이어서 소리 낼 수 있습니다. 그래서 '**he**ldit' 이런 느낌으로 소리 냅니다.

upside **down**. 1강세가 down, 2강세가 up인 하나의 단어처럼 소리 냅니다.

재! 이제 모든 의미단위를 이어서 소리 내볼게요.
And when you **held** it upside **down**,

④ It would **start** to **cry**.
　　d　d　　　D　d　D

It would **start**. d d D 리듬입니다. 일단 It would 기능어가 입에서 편하고 빠르게 나오게 연습합니다. 편하게 나온다 싶으면 start에서 훅! 뱉어줄게요. start는 s 다음에 바로 t가 나와서 된소리가 나옵니다. 그래서 입에서 편하기 위해 '스타트'라고 안 하고 '스따ㅌ' 소리가 나옵니다.

start 다음에 바로 to가 나오죠. t를 서로 공유하고 있어요. 이런 경우 이어서 소리 냅니다. 그래서 '**star**to' 이렇게 한 단어처럼 이어서 소리 냅니다.

to **cry**. d D 리듬입니다. **cry**에서 훅! 뱉어주세요.

It would **start** to **cry**.
뱉어주는 내용어로는 start와 cry가 있어요. 둘 중 어떤 단어가 더 중요한 정보인 거 같은가요? cry가 중요하죠. 그러면 cry에 더 훅! 힘을 줘야 합니다. 이렇게 내용어 사이에서도 세기가 다릅니다.
만약 똑같이 하면 로봇 같은 느낌의 소리가 나올 거예요.

자, 이제 소리튜닝 반복 훈련을 시작해볼까요?

I overcome fears by following my dreams.
나는 꿈을 좇음으로써 공포를 극복한다.

🎧 MP3 파일 듣기

① One of the **things** it **had** was a **tilt sen**sor,

② So it **knew** what di**rec**tion it was **fa**cing.

③ And when you **held** it **up**side **down**,

④ It would **start** to **cry**.

> **TIP**　완전히 외울 때까지 발음하면서 Writing도 반복하세요!

훈련 체크　☐☐☐☐☐☐☐☐☐☐

Part 4　한–영 훈련

①그것이 가진 특징 중 하나는 기울기 센서였어요.

②그 센서로 로봇이 바라보는 방향을 알았어요.

③그래서 이것을 거꾸로 들면,

④로봇은 울기 시작할 거예요.

> **TIP**　소리튜닝 배운 대로 하루 동안 틈나는 대로 무한 반복해서 외우세요! 한글을 보면서 영어문장이 자동적으로 떠오를 때까지.

훈련 체크　☐☐☐☐☐☐☐☐☐☐

266

upside down

(위 아래가) 거꾸로
in such a way that the upper and the lower parts are reversed in position

1. The picture is upside down!
   Please turn it right side up.
   (그림이 뒤집어졌잖아. 똑바로 돌려줄래?)

2. Turn the jar upside down and shake it.
   (항아리를 뒤집고 흔들어!)

3. Can you turn it round the other way,
   it's upside down.
   (반대쪽으로 돌려줄래? 그거 거꾸로 되어 있잖아.)

4.

5.

I have an interest in education
저는 교육에 관심을 갖고 있어요

2006년 2월 15일, 교육학자이자 창의력 전문가인 켈 로빈슨이 〈테드〉에서 〈학교가 창의력을 죽인다〉는 주제로 강연을 했습니다. 그는 우리의 교육 시스템이 창의력을 키워주기 위한 방식으로 만들어져야 한다고 말합니다.

Part 1 오늘의 예습 Today's Preview

🎧 MP3 파일 듣기

① I have an interest in education.
② Actually, what I find is...
③ everybody has an interest in education,
   don't you?
④ I find this very interesting.

① 저는 교육에 관심을 갖고 있어요.
② 사실 제가 알게 된 점은,
③ 모든 사람이 교육에 관심을 갖고 있다는 거에요. 안 그래요?
④ 흥미로운 사실이죠.

단어와 표현

* **interest** [íntrəst 인**츄**러스트]
   ① 관심, 흥미(~in) ② (종종 pl.) 이익; 이해관계 ③ 이자, 이율
* **interesting** [**인**츄러스팅] 흥미있는, 재미있는
* **education** [ˌedʒuˈkeɪʃn 에쥬**케**이션] ① 교육 ② 지도, 훈련 ③ 교육기관, 교육계
* **find** [faɪnd **파**인드] ① 찾다, 발견하다 ② 알게 되다

① I **have** an **in**terest in edu**ca**tion.
  d D' d   D   d   D

② **Ac**tually, what I **find** is...
   D   d d D d

③ **e**verybody **has** an **in**terest in edu**ca**tion,
   D   D' d   D   d   D

   don't you?
     D   d

④ I **find** this **ve**ry **in**teresting.
  d D   d   D'   D

Main Sentence

I **have** an **in**terest in edu**ca**tion.
d D' d   D   d   D

I have an **in**terest in. 많이 들어보셨죠? '나는 흥미를 가지고 있어, 관심을 가지고 있어.' 라는 의미를 갖고 있습니다. '~에 흥미를 갖고 있다' 는 표현을 위해서는 전치사 in의 도움이 필요합니다. 본인이 흥미가 있는 분야를 넣어서 **in**terest in 구조를 연습해봅니다.

이 문장의 내용어는 have, interest, education입니다. I **have** an **interest** in **education**. 이렇게 다 힘을 줄 수도 있겠지만, 모 든 내용어에 똑같은 세기의 힘이 들어가면 어색합니다. 그러면 have와 interest와 education 중에 제일 중요한 게 뭘까요? 내용어를 전달할 때 중요한 정보의 순으로 세기를 달리해줍니다. 그래야 사람의 말처럼 느

꺼져요. 영상에서는 education이 가장 크게 나왔어요. 화자가 생각할 때 가장 중요한 정보인거죠.

① I **have** an **in**terest in edu**ca**tion.
 d D' d   D   d   D

원래는 I는 기능어니까 힘이 들어가면 안 되잖아요. 그런데 영상에서는 I에 힘이 들어갔어요. 규칙에 벗어나지만, 사람의 말인지라. "나" 교육에 관심이 많아, 이렇게 말하고 싶었던 거죠. 그러면 이 문장에서 화자가 가장 중요하게 전달하고자 하는 정보의 순위는 'education > I > interest' 입니다.

<u>I have an **in**terest in edu**ca**tion.</u> have an이 '**ha**van' 이렇게 이어져서 소리 납니다. a**n** **i**nteres**t** **in** **e**ducation은 다 자음 + 모음 구조로 되어 있어서 모두 이어져서 소리 납니다. 이런 소리가 많아서 우리가 영어를 들을 때 숨도 안 쉬고 계속 쭉 말하는 거 같은 느낌이 드는 거예요. 구조와 규칙을 알면 우리도 그렇게 소리 낼 수 있습니다.

② **Ac**tually, what I **find** is...
 D   d d D d

<u>**Ac**tually.</u> a는 큰 a입니다. 크게 벌리는 소리예요. 모음 중에서 가장 인위적으로 짝 벌리는 소리라고 했어요. '애' 하고 벌리는 소리입니다. 크게 벌리고 거기에 강세가 들어가니까 조금 길게 훅! 뱉어주세요.
<u>what I **find** is.</u> find만 내용어죠. d d D d 리듬입니다. 몸을 움직이세요.
find is. d 자음으로 끝나고 모음 i로 시작했잖아요. 그러면 이어질 수가 있는 거죠. '**fin**dis', '파인디스' 강세가 fin에 있는 한 단어라고 생각하고 소리 냅니다.

<u>**Ac**tually, what I **find** is.</u>

③ everybody **has** an **in**terest in edu**ca**tion,
   D   D' d   D   d   D

    don't you?
     D   d

everybody. 강세는 e에 있어요. 그래서 충분히 길게 빼셔야 돼요. e 소리를 낼 때 몸이나 목을 앞으로 같이 훅 나가주면 소리가 좀 더 길게 나옵니다.

everybody has an **in**terest. D D' d D 리듬입니다. 리듬을 느껴볼게요. ha**s a**n은 단어가 붙어서 '**ha**san' 이렇게 소리가 나고, 또한 a**n in**terest이 붙어서 'a**nin**terest' 이렇게 한 단어로 소리 냅니다.

in edu**ca**tion. ca에서 훅! 뱉으세요. d D 리듬이죠. **in e**ducation 이어서 소리 냅니다. 'inedu**ca**tion' ca에 강세가 있는 한 단어처럼 소리 내면 편해요.

don't you? D d 이 리듬이에요. 부가의문문이라고 하죠. '~해, 그렇지?' 하고 되묻는 문장을 부가의문문이라고 합니다. 앞서 한말에 대해 확인 차원에서 물어보는 말입니다. 원래 미국식 영어에서는 발음을 편하게 하기 위해서 't + y' 구조는 ch 소리를 냅니다. 그래서 '돈츄' 이렇게 소리가 납니다. 그런데 영상은 영국 영어죠. 't + 자음' 처리해서 호흡을 끊고 you 소리를 제대로 들려줍니다.

자! 이제 전체 의미단위 다 이어서 소리 내볼게요.
everybody has an **in**terest in edu**ca**tion, **don't** you?

④ I **find** this **ve**ry **in**teresting.
  d **D**   d   **D'**   **D**

I **find** this very **in**teresting. 물론 **very** interesting 할 수도 있죠. 어디에 힘 주는지 여러분이 결정하시는 거예요.

TIP   I find this

굉장히 많이 쓰는 표현이죠. '나는 이게 ~라고 생각해' 라고 할 때 쓰는 표현이에요. I think와는 뉘앙스가 살짝 달라요. I think는 '나는 그렇게 생각해.'죠. I find는 '내가 겪어본 바로는', '내가 겪어보니.'라는 뉘앙스의 표현이에요. 이미 내가 겪은 것, 느낀 것이면 I found it을 써야 되는 게 아닌가요? 네, I found라고 쓸 때도 있어요. 약간의 차이가 있습니다. I found it은 '당시에 내가 그렇게 느꼈다'. I find it은 '지금도 그렇게 생각한다.' 이런 뉘앙스를 가지고 있습니다.

I find this interesting. (난 이게 흥미롭다고 생각해.)

I find this hard. (나는 이게 어렵다고 생각해.)

I find this easy. (나는 이게 쉽다고 생각해.)

I find it difficult. (나는 그게 어렵다고 생각해.)

I find it easy. (나는 그게 쉬워. / 쉽다고 생각해.)

I find it great. (나는 그게 멋지다고 생각해.)

자, 이제 소리튜닝 반복 훈련을 시작해볼까요?

매일

영어 씨를 뿌리고 있는 거예요

벌써 65일차까지 하셨네요. 여러분, 정말 대단하십니다.

우리는 계속 발전하고, 오늘도 우리는 뭔가 씨를 툭툭 뿌리고 있네요.

조금 있으면 수확철이 올 겁니다. 그때까지 우리 재미있게 물도 주고 관

리해주고, 칭찬도 해주시기 바랍니다.

🎧 MP3 파일 듣기

① I **have** an **in**terest in edu**ca**tion.

② **Ac**tually, what I **find** is…

③ **e**verybody **has** an **in**terest in edu**ca**tion, **don't** you?

④ I **find** this **ve**ry **in**teresting.

> **TIP** 완전히 외울 때까지 발음하면서 Writing도 반복하세요!

훈련 체크 ☐☐☐☐☐☐☐☐☐☐

① 저는 교육에 관심을 갖고 있어요.

② 사실 제가 알게 된 점은,

③ 모든 사람이 교육에 관심을 갖고 있다는 거예요.
  안 그래요?

④ 흥미로운 사실이죠.

> **TIP** 소리튜닝 배운 대로 하루 동안 틈나는 대로 무한 반복해서 외우세요! 한글을 보면서 영어문장이 자동적으로 떠오를 때까지.

훈련 체크 ☐☐☐☐☐☐☐☐☐☐

Part 5

표현 저널 쓰기 Expression journal

have an interest in

～에 관심을 가지고 있다

> be interested in과 한국어로 똑같이 관심이 있다는 뜻이지만 뉘앙스가 조금 다릅니다. have an interest in은 혜택이나 영향을 받기 때문에 관심이 간다는 뉘앙스입니다. be interested in은 그냥 매료되어 관심 있다는 느낌입니다.

1. I have an interest in finance.
   (난 재정 상태에 관심이 많아.)

2. I have no interest in talking to people
   and getting to know them.
   (나는 사람들에게 말하고 알게 되는 것에 관심이 없어.)

3. I have no interest in continuing this conversation.
   (나는 이 대화를 계속하는 것에 관심이 없어.)

4.

5.

I am frugal in my menu choices
저는 메뉴 선택에도 신중해요

2017년 2월 25일, 작가 엘리자베스 화이트가 〈테드〉에서 〈개인 금융 위기〉에 대해 강연했습니다. 노년층의 심각한 재정난에 대해 개인적인 경험을 가지고 허심탄회하게 말하고 있네요.

Part 1 오늘의 예습 Today's Preview

🎧 MP3 파일 듣기

① But I order mineral water now
with a twist of lemon,
② Not the 12-dollar glass of chardonay.
③ I am frugal in my menu choices.
④ Meticulous, I count every penny in my head.

① 하지만 저는 레몬이 들어간 물을 주문해요.
② 12불짜리 샤르도네 대신에.
③ 저는 메뉴 선택에도 신중해요.
④ 10원까지 머릿속에서 세고 있어요.

단어와 표현

* order [ɔːrdər 오ㄹ덜]
  명사: ① 명령, 지휘 ② 규칙; 준법 ③순서
  동사: ① ~에게 명령하다, ~에게 지시하다 ②주문하다, 가져오게 하다
* twist [twɪst ㅌ위스트] ① 휘다, 구부리다 ② 비틀다 ③ 돌리다
* frugal ['fruːgl ㅍ루글] ① 절약하는 ② 소박한, 간소한
* meticulous [mə'tɪkjələs 머티큘러ㅅ] 꼼꼼한, 세심한
* count [kaunt 카운ㅌ] ① 세다, 계산하다, 세어 나가다 ② 셈에 넣다, 포함시키다

① But I **or**der **mi**neral **wa**ter **now**
   d d   D'   D   D'   D

   with a **twist** of **le**mon,
   d d   D   d   D

② **Not** the **12**-**dollar gla**ss of chardo**nay**.
   D   d   D   D'   D   d   D

③ I am **fru**gal in my **me**nu **cho**ices.
   d d   D   d   d   D'   D

④ Me**ti**culous,
       D

   I **count e**very **pe**nny in my **head**.
   d D   D'   D   d   d   D

Main Sentence

I am **fru**gal in my **me**nu **cho**ices.
d d   D   d   d   D'   D

<u>I am **fru**gal.</u> d d D 리듬입니다. fru에서 훅 뺄고 돌아오는 소리에 gal 처리예요. f에 r이 섞여 있는 거예요. r은 항상 제가 입모양이 '우' 상태라고 했죠. 순간적으로 바뀌셔야 돼요. gal의 발음기호를 보면 [gl]입니다. '걸'하지 않아요. '글' 정도로 대충 처리합니다.

<u>in my menu **cho**ices.</u> menu, choices 둘 다 내용어죠. 영상에서는 choi에서 훅! 던져줬지만, menu 역시 내용어이므로 me에 강세 넣고 정확하게 소리 냅니다.

자! 의미단위 다 이어볼게요.

I am frugal in my **me**nu **cho**ices.

① But I **or**der **mi**neral **wa**ter **now**
　　d　d　D'　　　D　　　D'　　D

　　with a **twist** of **le**mon,
　　d　d　D　d　D

But I **or**der **mi**neral water **now**.

But I **or**der. d d D 리듬이죠. But I 까지 기능어 연습해줍니다. 입에서 편하게 나오게 연습하고, order에서 훅! 던져줍니다.

order 발음이 살짝 어려워요. order 소리가 정확하게 나오려면 der 소리를 정확하게 내줍니다. d는 항상 혀끝이 치경에 닿죠. 치경에 닿으면 정확한 소리가 나와요. d에 강세가 없을 때 ㄹ 소리가 나옵니다. r이 아니에요. 혀끝을 치경에 대고 d 소리를 내줘도 되고, 조금 편하게 'ㄹ'소리를 내도 됩니다. 중요한 것은 혀끝이 치경에 닿는 겁니다.

mineral water은 복합명사죠! mi에 훅! 던져주고 한 단어처럼 이어줍니다. mineral 소리를 좀 더 명료하게 내기 위해서 m 소리를 정확하게 냅니다. '음' 했다가 소리 내면 훨씬 명료하게 소리 납니다.

now. n 소리 정확히 해서, 혀끝을 편한 데 대고 '은' 했다가 나온다고 했어요. '나우'가 아니고 '(은)나우' 이런 느낌의 n이에요.

with a **twist** of **le**mon. 기능어인 with a가 먼저 편하게 나오게 연습합니다. twist에서 살짝 훅! 나가고 twist **of** 이어서 소리 냅니다. twist의 훅! 던지는 세기가 lemon을 넘지 않습니다. lemon 소리를 정확하게 내기 위해서 light l 처리를 제대로 해줍니다. 혀끝의 힘이 중요합니다. '레몬' 이게 아니라 '(으)레몬' 하고 소리 내면 훨씬 명료하게 들립니다.

light l

허끝이 어디에 닿죠? 내 윗니의 뒷부분과 입천장 시작하는 경계 어디에 두시면 되는 거예요. '으' 했다가 나갑니다. '으' 했다가 나가야 허끝에 힘이 들어가요.

재 이제 모든 의미단위를 이어볼게요.

<u>But I **or**der **mi**neral water **now** with a **twist** of **le**mon.</u>

② **Not** the **12-dollar gla**ss of chardo**na**y.
   D   d   **D**   **D'**   **D**   d   **D**

<u>**Not** the **12** dollar **glass**.</u> Not the에서 t 다음에 th 자음이 나오니까 호흡이 살짝 끊어져요. 그리고 twelve에서 훅! 뱉고 돌아오는 소리에 dollar 처리하되 정확한 소리를 내줍니다. 그리고 다시 glass에서 훅! 뱉어줍니다. 내용어 not, twelve, dollar, glass 중에 가장 많이 힘이 들어간 건 12입니다.

<u>of Chardon**nay**.</u> d D 리듬입니다. Chardonnay의 강세는 nay에 있습니다. 단어 소리가 영어 같지 않죠.

> TIP   Chardonnay
>
> Chardon**nay**는 화이트 와인의 일종이죠. 강세가 Chardon**nay** 이렇게 들어갑니다.

③ I am **fru**gal in my **me**nu **cho**ices.
  d d   **D**   d d   **D'**   **D**

대표문장 나옵니다.

④ Meticulous, I **count** every **pe**nny in my **head**.
D   **d**   **D**   **D'**   **D**   **d**   **d**   **D**

<u>Me**ti**culous.</u> 이 단어의 리듬은 d D d d입니다. t 소리 제대로 내주세요. 특히 이 영상처럼 t 소리 제대로 살려주면 느낌이 더 잘 살아요. me**ti**culous는 꼼꼼한, 섬세한, 세세한 그런 뜻을 가지고 있어요.

음소단위   t

혀는 치경에 대세요. 충분하게 배에 힘이 들어갈수록 이 소리가 커집니다. 병 뚜껑 펑 하고 터지는 소리죠.

<u>I **count** every **pe**nny.</u> d D D' D 이 리듬이에요. count는 '세다'라는 뜻을 가지고 있죠. I에서 준비하고 count에서 훅! 뱉어주고, 돌아오는 소리에 every 처리해주고 pe에서 훅! 던져주세요. 물론 every에 힘이 더 들어갈 수도 있고, 둘 다 강조하고 싶을 땐, every penny에 둘 다 힘 줘도 됩니다.

penny는 지금은 쓰지 않는 화폐단위죠. 상징적인 단위예요. 우리나라로 치면 10원짜리의 느낌이죠. 화자가 10원짜리 한 장 한 장 생각하면서 메뉴를 고른다는 의미를 살리고 싶어서 penny를 쓴거죠.

<u>in my **head**.</u> d d D. in my 기능어를 먼저 편하게 연습하고 head에서 훅! 던져줍니다.

I count every **pe**nny in my **head**.

자, 이제 소리튜닝 반복 훈련을 시작해볼까요?

처음 보는 문장으로도
연습해보세요

이제부터는 어떤 새로운 영어 문장을 보면, 분석해보는 걸 습관화해보세요. '어디 힘 들어가겠구나, 어디에는 힘 안 들어가겠구나. 얘는 이렇게 처리하면 되겠구나.' 응용을 하실 때가 되셨죠.

🎧 MP3 파일 듣기

① But I **or**der **mi**neral **wa**ter **now**
   with a **twist** of **le**mon,
② **Not** the **12**-**dollar** gla**ss** of chardo**nay**.
③ I am **fru**gal in my **me**nu **cho**ices.
④ Me**ti**culous, I **count e**very **pe**nny in my **head**.

> **TIP** 완전히 외울 때까지 발음하면서 Writing도 반복하세요!

훈련 체크 ☐☐☐☐☐☐☐☐☐☐

Part 4 한-영 훈련

① 하지만 저는 레몬이 들어간 물을 주문해요.
② 12불짜리 샤르도네 대신에.
③ 저는 메뉴 선택에도 신중해요.
④ 10원까지 머릿속에서 세고 있어요.

> **TIP** 소리튜닝 배운 대로 하루 동안 틈나는 대로 무한 반복해서 외우세요! 한글을 보면서 영어문장이 자동적으로 떠오를 때까지.

훈련 체크 ☐☐☐☐☐☐☐☐☐☐

frugal

절약하는, 돈을 쓰는 데 있어서 신중한, 검소한
careful when using money or food

> '〜부분에 있어서 검소하다'라는 말을 할 때 전치사 in을 써서 'frugal in〜'이
> 라고 합니다.

1. a frugal lifestyle
   (검소한 라이프스타일)

2. He is very frugal.
   (그는 검소하다.)

3. Why are some wealthy people so frugal?
   (왜 몇몇의 부유한 사람들은 검소할까요?)

4.

5.

They're not paying attention
그들은 집중하고 있지 않아요

작가 멜린다 에플러가 2018년 6월 7일 〈테드〉에서 〈직장에서 더 나은 동료가 되는 방법〉이란 주제로 강연했습니다. 회사에서 차별을 겪는 사람들을 지지할 수 있는 3가지 방법을 소개하고 있습니다.

Part 1 | 오늘의 예습 Today's Preview

🎧 MP3 파일 듣기

① And I look around the room
   at my fellow executives.
② And I watch as they pick up their cell phones,
③ and look down at their laptops.
④ They're not paying attention.

① 회의실에 있는 동료 임원들을 쳐다봤는데,
② 제가 보니까 다들 전화기를 들고 있고,
③ 노트북만 내려다보고 있어요.
④ 그들은 집중하고 있지 않아요.

단어와 표현

* **look around** 둘러보다, 구경하다
* **fellow** [ˈfeloʊ 펠로우] ① (비격식)녀석, 친구 ② 동료, 동년배 ③ 선임연구원, 회원
* **executive** [igzékjətiv 이그**제**큐티브]
    형용사: ① 실행(수행, 집행)의 ② 집행권을 갖는 ③ 중역용의, 중역에 어울리는
    명사: ① (관공서의) 행정관 ② 간부, 경영진, 임원
* **pick up** 전화를 받다
* **look down** 내려다보다, 아래를 보다
* **pay attention** 집중하다

① And I **look** around the **room**
  d d **D**   d   d   **D**

at my **fel**low **exe**cutives.
d d   **D**   **D**

② And I **wat**ch as they **pick** up
  d d **D**   d   d   **D** d

their **cell phones**,
d   **D**   **D'**

③ and **look** down at their **lap**tops.
  d   **D**   d   d   d   **D**

④ They're **not paying** at**ten**tion.
  d   d **D**   **D'**   **D**

Main Sentence

They're **not paying** at**ten**tion.
  d   d **D**   **D'**   **D**

---

pay attention 하면, 한국어로 '~에 집중하다, ~에 관심을 주다, 주의 깊게 듣다' 정도로 해석할 수 있겠죠.

They're. 기능어 처리하는 연습을 먼저 할게요. 입에서 편하게 나올 때까지 연습합니다. 충분히 연습되면 not에서 훅! 뱉어주세요.
not paying. not / paying 이렇게 소리를 끊어줍니다. t 다음에 자음 p로 시작하네요. 스탑 t가 되죠. 훅 하고 끊으셔야 됩니다. '나페잉'이 아니라 not 하고서 호흡을 끊으셔야 된다는 얘기예요.

paying도 내용어지만 not에 훅 하고 들어갔기 때문에 **not paying** 이러기는 너무 힘들죠. 그래서 내용어 중에서도 힘을 주는 단어가 있고 안 주는 단어가 있어요. 역시 훅! 힘을 주지 않아도 여전히 내용어이기 때문에 정확한 소리가 들려야지 뭉개시면 안 됩니다.

They are **not** paying at**ten**tion.

① And I **look** around the **room**
   d d **D**   d   d   **D**

   at my **fel**low e**xe**cutives.
   d d **D**   **D**

And I **look** around the **room**. And I. 연습을 할 때 입 긴장을 최대한 풀고 편하게 합니다. and I가 편해지면 look에서 훅! 뱉어줍니다. **look** around는 이어서 소리 냅니다. '**loo**karound' 이렇게 한 단어처럼 나오게 합니다. look에서 훅! 뱉고 돌아오는 소리에 around the까지 처리하고 room에서 훅! 뱉어줍니다.

음소단위   **light l**

혀끝에 힘을 빡 주셔야 돼요. 그런 다음에 입천장 앞부분에 혀를 대고 혀끝에 힘을 주고 '을' 했다가 나가면 정확하게 혀끝에 힘이 들어갑니다. 그냥 '룩'이 아니라 '을' 했다가 나갑니다.

---

at my **fel**low e**xe**cutives.
at my. t 다음에 자음 m이 시작하기 때문에 '엔마이' 이러면 and랑 헷갈릴 수 있어요. t 다음에 자음 m이기 때문에 at / my 이렇게 끊어지는 느낌이 있어야 돼요. look at이 '누구를 보다, 어디를 보다'라는 뜻이죠. 그래서 at이 나오는 거예요.
e**xe**cutives 발음 잘하셔야 돼요. [igz] z 소리예요. '이그제큐티브즈'가 아니라, 여기서 t는 강세가 들어가지 않으니까 ㄹ 소리가 나오죠. 그래서 '이그제큐리브즈' 이렇게 소리 내면 입이 편합니다.

영상에서는 fellow와 executives가 둘 다 꽤 힘이 들어갔지만 fellow보다 executives를 좀 더 강하게 한 느낌이 있어요. executive는 임원급, 간부급을 의미합니다. '동료 간부'라는 얘기는 이 분도 간부라는 거죠.

여기까지 한번 해볼까요.

And I **look** around the **room** at my **fel**low **exe**cutives.

② And I **wat**ch as they **pick** up their **cell phones**,
     d d   **D**   d   d   **D** d   d   **D**   **D'**

And I **wat**ch. d d D 리듬입니다. w 발음 제대로 하려면 아이에게 뽀뽀하듯이 입술이 오므라지고 순간적으로 훅! 힘을 줍니다.

as they **pick** up. d d D D 리듬입니다. 일단 as they가 입에서 편하게 나오게 연습합니다. 입에서 편하고 빠르게 되는지 확인하세요. 일단 충분히 연습이 되면, pick에서 훅! 뱉어줍니다. '**pic**kup' 이렇게 이어서 소리 냅니다. pick up은 '전화를 들다, 전화를 받다' 그런 뜻이죠.

their **cell** phones. phone할 때 ph 발음 주의하셔야 돼요. 이건 p 소리가 아니라 f 소리입니다. cell phones는 복합명사죠. cell에 훅! 뱉고 한 단어처럼 소리 냅니다.

자, 이제 다 이어서 연습해볼게요.

And I **wat**ch as they **pick** up their **cell** phones.

③ and **look** down at their **lap**tops.
    d   **D**   d   d   d   **D**

and **look** down 리듬은 d D d입니다. look 발음 잘하셔야 돼요. oo 발음이 두 개가 있죠. look은 말발굽 발음입니다. '으' 정도로 하고 짧게 끝나면 비슷한 소리가 나옵니다. 그래서 짧게 하셔야 돼요. 이 단어는 음소단위들의 조합입니다. 'l + oo + k' 이렇게죠.

<u>at their **lap**tops.</u> d d D 리듬입니다. laptops할 때 p는 받침음으로 나왔어요. 받침으로 쓰이는 p는 입을 다물어줍니다.

④ They're **not paying** at**ten**tion.
   d   d   D   D'   D

대표문장 나오네요. 내가 하는 말에 집중을 안 하더라고.

많이 듣고 많이 말할 거예요. 주어를 바꿔보고 동사도 바꿔가면서 연습하세요.

You're not paying attention.
He was not paying attention.
My husband was not paying attention.

자, 이제 소리튜닝 반복 훈련을 시작해볼까요?

어떤 사람이
되고 싶으세요?

'어떤 사람이 되고 싶니?' 이 질문을 항상 자신에게 해보세요.

그러다 보면 다른 사람에게 내가 무례하게 말하는 사람이 되고 싶은 건지, 정중하게 말하고 싶은 사람이 되고 싶은 건지 알 수 있어요.

무슨 말이냐고요? 다음 강의에서 아실 수 있을 거예요!

🎧 MP3 파일 듣기

① And I **look** around the **room**

   at my **fel**low **ex**ecutives.

② And I **watch** as they **pick** up their **cell phones**,

③ and **look** down at their **lap**tops.

④ They're **not paying** at**ten**tion.

> **TIP**   완전히 외울 때까지 발음하면서 Writing도 반복하세요!

훈련 체크 ☐☐☐☐☐☐☐☐☐☐

---

① 회의실에 있는 동료 임원들을 쳐다봤는데,

② 제가 보니까 다들 전화기를 들고 있고,

③ 노트북만 내려다보고 있어요.

④ 그들은 집중하고 있지 않아요.

> **TIP**   소리튜닝 배운 대로 하루 동안 틈나는 대로 무한 반복해서 외우세요! 한글을 보면서 영어문장이 자동적으로 떠오를 때까지.

훈련 체크 ☐☐☐☐☐☐☐☐☐☐

pay attention

집중하다, 신경 쓰다, 주목하다
to listen, watch, or consider something very carefully

> 뭔가 딴짓하는 것 같고, 내가 말하고 있을 때. 그럴 때 쓸 수 있는 표현이에요.
> 아니면 만약에 상대방이 뭐라고 하는데 갑자기 다른 생각을 하느라고 못 들었
> 어. 그럴 때도 쓸 수 있죠.

1. I will pay more attention.
   (내가 좀 더 신경 쓸게.)

2. I'm sorry,
   I wasn't paying attention to what you were saying.
   (미안, 네가 하는 말에 집중을 안했어.)

3. They paid no attention to me! = They ignored me!
   (그들은 나를 전혀 신경 쓰지 않았어!)

4.

5.

Whether you know or not
여러분은 알게 모르게

2018년 1월 27일, 리더십 연구원 크리스틴 포라스는 〈테드〉에서 〈직장 동료를 존중하는 것이 업무에 도움이 되는 이유〉라는 주제로 강연을 했습니다. 정중함과 무례함이 우리의 성공을 결정한다고 합니다.

Part 1 오늘의 예습 Today's Preview

🎧 MP3 파일 듣기

① Who do you want to be?

② It's a simple question,

③ and whether you know it or not,

④ you're answering it every day
   through your actions.

① 여러분은 어떤 사람이 되고 싶으세요?

② 간단한 질문이죠.

③ 여러분은 알게 모르게,

④ 당신의 행동을 통해 매일 이 질문에 답을 하고 있어요.

단어와 표현

* simple ['sɪmpl 심쁠] ① 간단한, 쉬운 ② 단순한, 소박한, 간소한
* question [kwéstʃən 쿠웨스천] 질문, 심문, 물음
* whether ['weðə(r) 웨덜] ~인지 아닌지, ~든 아니든
* answer [ǽnsər 앤설] 대답, 회답

① **Who** do you **want** to be?
　D　 d　 d　 D　 d d

② It's a **sim**ple **que**stion,
　d d d　　D　　　 D

③ and whether you **know** it or **not**,
　　d　　　 d　　 d　 D　 d d　D

④ you're **an**swering it **every day**
　d　 d　　　 D　　 d　 D　　 D'

　　through your **ac**tions.
　　　d　　　 d　　　D

Main Sentence

Whether you **know** it or **not**,
　d　　　 d　　 D　 d d　D

---

whether A or B. A든지 B든지.

whether 발음을 잘 보셔야 돼요. 날씨가 영어로 뭐죠? weather이죠.
발음이 똑같습니다. 그러면 헷갈리겠네요? 문맥에 따라서 파악을 할 수도
있지만 여기 나오는 whether는 접속사입니다. 기능어죠. 그리고 날씨의
weather는 명사, 즉 내용어입니다. 여기서 차이가 있는 겁니다.

① **Who** do you **want** to be?
　　D　**d**　**d**　　**D**　**d**　**d**

Who do you **want** to be?

Who 훅! 뱉고 들어가는 소리에 do you까지 처리합니다. Who는 h 소리예요. 여기의 w는 묵음입니다.

want to는 편하게 wanna 이렇게 소리 냅니다. want에 훅! 뱉고 들어오는 소리에 to be까지 처리합니다. D d d D d d 리듬입니다.

② It's a **sim**ple **que**stion,
　d d d　**D**　　　**D**

It's a. 기능어입니다. 'itsa' 이렇게 이어서 먼저 기능어 연습합니다.

simple의 sim에서 훅! 뱉고, 돌아오는 소리에 question 처리해줍니다. simple은 sim 나가고 ple 올라오면서 p에 강세가 없으면 된소리가 나옵니다.

question. qu 음소단위 연습합니다.

> **음소단위**　qu
>
> 음소단위 qu예요. 음소단위 qu는 항상 '쿠'로 시작하면 맞습니다. 그래서 question '퀘스천'이
> 아니고 '쿠'로 시작합니다. '쿠에스천' quiz는 '쿠이즈'

---

③ and whether you **know** it or **not**,
　d　　**d**　　**d**　**D**　**d d**　**D**

대표문장입니다. 이 문장에서 내용어는 know와 not밖에 없습니다.

and whether you까지 입에서 편하게 빠르게 나오게 연습합니다.

그리고 **know**에서 훅! 뱉어주고 it or까지 처리해줍니다. know it은 자음 + 모음 구조죠. 'knowit' 이렇게 한 단어처럼 연습합니다.

not에서 한 번 더 훅! 뱉어줍니다.

④ you're **an**swering it **e**very **day**
   d   d   **D**   d   **D**   **D'**

   through your **ac**tions.
      d   d   **D**

<u>you're **an**swering it.</u> dd D d 리듬입니다. 내용어는 answering밖에 없습니다. 이때 a는 apple의 큰 a예요. 입을 크게 벌리셔야 돼요. 그래서 크게 벌리시고 힘 줍니다. 게다가 뒤에 n이 있기 때문에 비음 소리가 나오면 더 멋있겠죠.

<u>**e**very day.</u> e에 강세죠. 조금 길게 훅! 던져줍니다. 그리고 들어오는 소리에 day까지 처리합니다.

<u>through your **ac**tion.</u> d d D. 이 리듬이에요. through your 기능어를 먼저 입에서 편하게 나오게 연습합니다. 편해졌으면, action에 훅! 뱉어줍니다. action도 큰 a입니다. 입 크게 벌리고 소리 냅니다.

자! 이제 의미단위를 이어서 연습합니다.

<u>you're **an**swering it **e**very day through your **ac**tion.</u>

'당신은 당신의 행동을 통해 매일 그에 대답하고 있습니다.' 다시 말해 내가 어떤 사람이 되고 싶은지에 대해 항상 행동으로 대답을 하고 있다는 말이죠. 나는 다른 사람에게 정중하게 대하고 있는가, 무례하게 대하고 있는가. 그게 바로 나라는 얘기예요.

자, 이제 소리튜닝 반복 훈련을 시작해볼까요?

① **Who** do you **want** to be?

② It's a **sim**ple **que**stion,

③ and whether you **know** it or **not**,

④ you're **an**swering it **every** **day** through your **ac**tions.

> **TIP** 완전히 외울 때까지 발음하면서 Writing도 반복하세요!

훈련 체크 ☐☐☐☐☐☐☐☐☐☐

Part 4 한–영 훈련

① 여러분은 어떤 사람이 되고 싶으세요?

② 간단한 질문이죠.

③ 여러분은 알게 모르게,

④ 당신의 행동을 통해 매일 이 질문에 답을 하고 있어요.

> **TIP** 소리튜닝 배운 대로 하루 동안 틈나는 대로 무한 반복해서 외우세요! 한글을 보면서 영어문장이 자동적으로 떠오를 때까지.

훈련 체크 ☐☐☐☐☐☐☐☐☐☐

whether A or B

A이든 B이든 (상관없이)

1. Whether you win or lose, you must play fair.
   (이기든 지든, 너는 공정하게 경기해야 한다.)

2. Whether you like it or not, I'm going out tonight.
   (네가 좋든 싫든, 나는 오늘 밤 나갈 거야.)

3. Whether he wants or not,
   he'll have to clean his room.
   (그가 원하든 그렇지 않든, 그는 본인 방을 청소해야 해.)

4.

5.

It's just the way it is
원래 다 그런 거야

미국의 배우 나오미 맥두걸 존스가 2016년 11월 19일, 〈테드〉에서 〈할리우드에서 여자로 산다는 것〉을 주제로 강연했습니다. 두 여자에 대한 영화를 만들기로 했을 때 누군가 "남자 프로듀서 정도는 있어야 되는 거 아냐?"라고 했던 일에 대한 이야기 다음 장면입니다.

Part 1 오늘의 예습 Today's Preview

🎧 MP3 파일 듣기

① Over and over again, people tell us,
② Yeah! but people don't really want to see films about women,
③ So maybe you should think about making a something else.
④ It's just the way it is.

① 사람들은 계속 우리에게 말해요.
② 그래! 하지만 사람들은 여자들에 대한 영화를 보고 싶어 하지 않아.
③ 그러니까 아마 뭔가 다른 걸 만드는 걸 생각해야 할 거야.
④ 원래 다 그런 거야.

단어와 표현

＊**Over and over again** 반복해서
＊**film** [film] 영화

Part 2 | 오늘의 소리튜닝 Today's Vocal Tuning

소리튜닝 Day69

① **O**ver and **over** a**gain**, **peo**ple **tell** us,
　D　　d　　D　　　D　　　　D　　　D' d

② **Yeah**! but **peo**ple **don't** really **want** to **see**
　D　　　d　　D　　　D'　　D'　　D' d　D

　films about **wo**men,
　D'　　d　　　D

③ So maybe you should **think** about
　d　　d　　d　　d　　　D　　d

　making a something **el**se.
　D　　d　　　d　　　D

④ It's **just** the **way** it is.
　d d　D　　d　　D　d d

Main Sentence
It's **just** the **way** it is. d d　D　　d　　D　d d

많이 들어보셨을 거예요. 보통 it's보다 that's를 많이 씁니다. 무슨 뜻이
죠? '원래 다 그런 거야.' 여기서 it은 thing 즉, life를 말하는 거겠죠.
it is는 생략을 해서 쓸 수도 있습니다. It's just the way까지만 하셔도
괜찮고요. It's just the way it goes. 이렇게 해도 괜찮습니다.

① **O**ver and **o**ver a**gain**, **peo**ple **tell** us,
　 D　 **d**　 **D**　　 **D**　　 **D**　 **D' d**

Over and **o**ver. 누군가가 '남자 프로듀서도 좀 쓰는 게 어때?'라고 얘기했다고 하죠? '계속 나한테 이런 얘기를 해!' 이런 느낌으로 over 라는 단어를 굉장히 과장해서 말을 했죠. over의 발음기호는 [óuvər]입니다. 발음기호를 보면 o는 '오버' 이게 아니라 '오우버' 이렇게 소리를 내셔야 돼요.
a**gain** 단어의 리듬은 d D입니다.

음소단위　　ou

o 나오면 사전을 찾아보시는 게 좋습니다. o는 [ou] 발음일 수도 있고, [ɔ] 발음일 수도 있고, 여러 가지 발음이 가능해요. 그렇기 때문에 찾아보시는 게 좋습니다. over에서 나오는 o 발음은 [ou] 발음이에요.

---

people. p 소리 제대로 하세요. 입술을 힘 있게 붙인 상태에서 '파' 하고 터지는 느낌이 있으셔야 되고요. 그러면 배가 움직이는 게 느껴집니다.
tell 단어의 음소단위는 't + e + dark l'입니다.
people 힘 주고, tell에도 힘 주면 끊어지죠. 영상에서는 people에 살짝 더 힘이 들어간 느낌이지만 tell에도 어느 정도 힘이 들어갔어요. 둘 다 힘을 주되 끊어지지만 않게 내용어 세기를 조절합니다.

Over and **o**ver a**gain**, **peo**ple tell us.

② **Yeah**! but **peo**ple **don't** really **want** to **see**
　 D　 **d**　 **D**　　 **D'**　　 **D'**　　 **D'**　 **d**　**D**

　　 films about **wo**men,
　　　 D'　　 **d**　　 **D**

Yeah! yeah는 힘 없이 빠르게 처리할 때도 있지만, 강조하면서 말할 때도 있어요. 이럴 땐, 음소단위 y 처리를 제대로 해줍니다. 혀끝을 아랫니 안쪽에 대고 힘을 주고 '이' 했다가 나갑니다.

but **peo**ple don't really want to **see** films. 이 문장에서 내용어가 많아요. people, don't, really, want, see, films 다 내용어입니다. 이 많은 내용어 중 어디에 그리고 몇 개에 훅! 뱉을지는 화자의 결정입니다. 훅! 뱉는 소리가 적을수록 말이 빨라집니다. 영상에서는 people과 see에만 훅! 뱉었어요. 그래서 말이 빠르게 들리죠. 훅 뱉지 않는 내용도 상대에게 정확하게 들려줘야 합니다. 기능어처럼 뭉개지 않아요.

people에 훅! 뱉어주고, 돌아오는 소리로 don't really want to까지 처리합니다. don't, really, want도 정확한 소리를 들려줍니다. want to는 wanna 이렇게 줄여서 빠르게 처리했어요. 그리고 다시 **see**에서 훅! 다시 뱉어줍니다. 그리고 돌아오는 소리에 films 처리해주세요. see에서 ee는 [si:] 장모음 i입니다. 크게 미소 짓듯 입을 옆으로 벌리고 길게 처리합니다.

TIP	긴 영어 문장을 한 번에 말할 때는?

긴 영어 문장을 끊이지 않게 처리하는 데 가장 중요한 것은 발성과 호흡입니다.

---

about **wo**men. '우먼' 아니에요. 그리고 여기는 복수죠. 사전을 보면 [wímin]입니다. woman의 복수형인 women의 o는 i 소리입니다. w를 위해 아이에게 뽀뽀하듯 입술을 오므리고 정확한 소리를 내줍니다.

자! 이제 전체 의미단위를 연결해서 연습해볼게요.
Yeah! but **peo**ple don't really want to **see** films about **wo**men.

③ So maybe you should **think** about
  d   d   d   d   D   d

making a something **el**se.
  D   d   d   D

So maybe you should **think** about. 이 문장에서 내용어는 think밖에 없습니다. d d d d D d 리듬이죠.

maybe에서 많이 힘 주지는 않지만 may에 살짝 힘이 들어가면 소리 내는 게 좀 더 편합니다.

think about. 자음 + 모음 구조입니다. '**thin**kabout' 이렇게 한 단어처럼 소리 냅니다. think 할 때 th[θ]는 혀를 이 사이로 내밀었다 넣으면서 소리 냅니다.

making a something **el**se. D d d D 리듬입니다. making에서 훅! 뱉어주고 돌아오는 소리에 a something까지 처리해줍니다. 그리고 다시 el에서 훅! 뱉어주세요.

④ It's **just** the **way** it is.
  d d   D   d   D d d

이 문장의 리듬은 dd D d D d d입니다. 'just + **the**'에서 t를 중심으로 자음으로 둘러싸여 있죠. 이럴 때 t가 떨어집니다. 'jus(t) the' 이렇게 소리를 내야 입이 편합니다.

자, 이제 소리튜닝 반복 훈련을 시작해볼까요?

긴 문장도 훈련하면
자신감이 생깁니다

69일차 문장을 보시면 아시겠지만, 기존에 했던 문장에 비해 길어졌죠?
점점 늘려 가셔야죠. 언제까지 단문만 할 거예요?

그리고 100일 프로젝트 끝나고 나서 영화 한 편 하시면 자신감이 생길 거
예요. 그러니까 조금 길어져도 어떻게 하는지만 배우면 됩니다.

의미단위씩 끊어서 하기! 잊지 않으셨죠? 여러분, 우리는 지금 점점 발
전하고 있는 거예요.

🎧 MP3 파일 듣기

① **O**ver and **over** a**gain**, **peo**ple **tell** us,
② **Yeah**! but **peo**ple **don't** really **want** to **see**
   films about **wo**men,
③ So maybe you should **think** about
   making a something **el**se.
④ It's **just** the **way** it is.

TIP	완전히 외울 때까지 발음하면서 Writing도 반복하세요!

훈련 체크 ☐☐☐☐☐☐☐☐☐☐

Part 4 한-영 훈련

①사람들은 계속 우리에게 말해요.
②그래! 하지만 사람들은 여자들에 대한 영화를
   보고 싶어 하지 않아.
③그러니까 아마 뭔가 다른 걸 만드는 걸 생각해야 할 거야.
④원래 다 그런 거야.

훈련 체크 ☐☐☐☐☐☐☐☐☐☐

That's just the way (it is)

원래 그런 거지

> way it is에서 it은 things(세상살이) 혹은 life의 뜻입니다. 직역하면 세상살이의 방식이 그렇다는 겁니다. 그래서 '늘 해오던 방식이니 받아들여!' 정도의 표현이 됩니다.

1. A: All my roses died in the cold weather.
   (추운 날씨에 모든 장미가 죽었어.)

   B: That's the way it is.
   (원래 그런 거지 뭐.)

2. A: Someone stole all the candy I left out.
   (내가 놓고 간 사탕을 누가 다 훔쳐갔어.)

   B: That's the way it is.
   (원래 그런 거지 뭐.)

3. When you have kids, that's just the way it is.
   (애가 있으면, 원래 그래요.)

4.

5.

Day 70

대표문장

You can't make a living!

너 먹고살기 힘들어!

2015년 11월 5일, '픽사(Pixar)'의 촬영 감독인 다니엘 페인버그가 〈테드〉에서 강연했습니다. 〈영화를 현실로 만드는 마법의 재료〉라는 주제로 강연하는데, 이 부분은 어떻게 이런 일을 하게 되었는지 말하는 내용입니다.

Part 1 | **오늘의 예습 Today's Preview**

🎧 MP3 파일 듣기

① Some well meaning adult asked me
   what I wanted to be when I grew up.
② Proudly, I said "An artist."
③ No, you don't.
④ You can't make a living being an artist.

① 좋은 뜻에서 어떤 어른이 저에게 꿈을 물어봤어요.
② 자랑스럽게, 예술가라고 말했죠.
③ 아니, 그렇지 않아.
④ 예술가로선 먹고살기 힘들어.

단어와 표현

* **well meaning** 좋은 뜻에서 하는 (그러나 흔히 성공하지 못한)
* **grow up** 성장하다, 자라다
* **proudly** ['praʊdli 프**롸**우들리] ① 자랑스럽게 ② 위풍당당하게
* **artist** [ɑ:rtist **알**티스ㅌ] 예술가, 미술가, (특히) 화가, 조각가
* **make a living** 생계를 꾸리다

① Some **well-meaning** a**dult** a**sked** me
　　 d　　 D　　　 D'　　　 D　　 D　　 d

what I **wan**ted to be when I **grew up**.
　d　 d　　 D　　 d　 d　　 d　 d　 D'　　 d

② **Prou**dly, I **said** "An **ar**tist."
　　 D　　　 d　 D　　 d　　 D

③ **No**, you **don't**.
　　 D　　 d　　 D

④ You **can't make** a **li**ving being an **ar**tist.
　　 d　　 D　　 D'　 d　 D　　 d　 d　　 D

Main Sentence

You **can't make** a **li**ving
　 d　　 D　　 D'　 d　 D

---

make a living에서 make 대신에 '벌다'라는 뜻을 가지고 있는 earn 을 써도 괜찮아요. earn a living.

'무엇으로 돈 벌다'라고 할 때 전치사로 보통 by나 from와 함께 많이 쓰 는 표현입니다. 전치사 다음에 ing 형태로 올 수 있겠지만 명사의 형태로 올 수도 있겠죠.

그런데 지금 이 문장에서는 by나 from 같은 전치사가 없죠. 이런 식으로 전치사가 생략될 때도 꽤 많습니다. ing 형태일 때는 생략 가능합니다. 그 런데 명사일 때는 생략하면 안 됩니다.

① Some **well-meaning** a**dult** a**sked me**
　d　　D　　　D'　　　D　　　D　　d

what I **wan**ted to be when I **grew up**.
　d　d　　D　　　d　d　　d　d　D'　d

Some **well**-meaning a**dult**. 이 문장에서 훅! 뱉은 소리는 well과 adult입니다. well 소리 명료하게 들려줘야겠죠. w는 입술을 오므리고 진동이 느껴질 만큼 힘을 줍니다. well에 나오는 l은 dark l이죠. '얼' 소리 넣어주세요. well에 훅! 뱉어주고 돌아오는 소리에 meaning 처리하고 adult의 dult에서 훅! 또 뱉어주세요. 호흡이 끊어지지 않게 소리는 이렇게 왔다 갔다 합니다.

a**sked me**. adult에도 뱉었지만 바로 나오는 ask에도 힘을 주고 싶어서 앞에 살짝 끊었어요. asked에서 ed는 t 소리가 납니다. k는 무성음입니다. 무성음으로 끝나는 동사의 과거형은 t 소리가 나요.

> **소리규칙**　**과거시제 '–ed'**
> 과거 시제 끝에 –ed가 붙었을 때, d 소리일 수도 있고, t 소리일 수도 있습니다. 끝에 무엇으로 끝났는지가 결정합니다. 무성음으로 끝나면 t, 유성음으로 끝나면 d예요.

일단 여기까지 먼저 이어서 연습해볼게요.
Some **well**-meaning a**dult** / a**sked me**.

what I **wan**ted to be. d d D d d. 기능어가 많으니까 빠르고 편하게 소리 낼 수 있습니다. wanted to는 'wante(d)to' 이렇게 이어서 편하게 소리 냅니다.
when I **grew up**. grow up은 이어동사죠. grow가 내용어지만 뒤의 단어에 힘이 들어가고 음이 올라갑니다. 그리고 마치 한 단어처럼 소리 냅니다.

이게 조금 편하게 되셨으면 다 연결해볼게요.
Some **well**-meaning a**dult** a**sked me**
what I **wa**nted to be when I grew **up**.

② **Prou**dly, I **said** "An **ar**tist."
    D   **d** **D** **d**   **D**

Proudly. pro를 위해 p 입모양으로 시작(입술 다물기) 후 바로 r 음소단위(입술은 '우' 윗니 어금니를 혀 옆에 닿게 하기)를 해줍니다. 그러면서 훅! 뱉어줍니다. 돌아오는 소리에 dly 처리하세요.

I said an **ar**tist. d D d D 리듬입니다. **sai**d an는 '**sai**dan'이렇게 한 단어처럼 이어서 소리 냅니다. a**n ar**tist도 'a**nar**tist' 이렇게 한 단어로 소리 냅니다. 다 이어지기 때문에 마치 이 문장 전체가 긴 한 문장인 것처럼 한 호흡에 처리합니다.

③ **No**, you **don't**.
    D   **d**   **D**

No. No에서 강조하면서 소리를 내고 있어요. 음소단위 n 소리를 제대로 내주면 훨씬 명료하게 강조하는 느낌이 살아요. 혀끝을 입천장에 붙이고 힘을 주면서 '은' 했다가 소리 냅니다. No의 o는 ou 소리입니다. '노' 가 아니라 '노우!'입니다.

you don't. d D 리듬입니다. **don't**에서 훅! 뱉어주세요.

이어서 소리 내볼게요. **No, you don't**.

④ You **can't** make a **li**ving being an **ar**tist.
   d   **D**   **D'** **d**   **D**   **d**   **d**   **D**

"너는 예술가가 되어서는 돈을 벌 수 없어!"라는 의미를 갖습니다. 이 문장에서 훅! 뱉는 소리는 can't, livng, artist입니다. 뱉을 준비를 하며 you를 소리 내면서, can't에서 훅! 뱉어줍니다. 돌아오는 소리에 make 처리해주지만, 여전히 내용어이므로 명료한 소리를 들려줍니다. ma**ke a**는 자음끝 + 모음시작 구조입니다. '**ma**ka' 이렇게 한 단어로 소리 냅니다. light l 소리로 living 잘 살려주세요.

자, 이제 소리튜닝 반복 훈련을 시작해볼까요?

① Some **well-meaning** a**dult** a**sked** me
what I **wan**ted to be when I **grew up**.

② **Proud**ly, I **said** "An **ar**tist."

③ **No**, you **don't**.

④ You **can't make** a **li**ving being an **ar**tist.

> **TIP**　완전히 외울 때까지 발음하면서 Writing도 반복하세요!

훈련 체크 ☐☐☐☐☐☐☐☐☐☐

Part 4 한–영 훈련

① 좋은 뜻에서 어떤 어른이 저에게 꿈을 물어봤어요.

② 자랑스럽게, 예술가라고 말했죠.

③ 아니, 그렇지 않아.

④ 예술가로선 먹고살기 힘들어.

> **TIP**　소리튜닝 배운 대로 하루 동안 틈나는 대로 무한 반복해서 외우세요! 한글을 보면서 영어문장이 자동적으로 떠오를 때까지.

훈련 체크 ☐☐☐☐☐☐☐☐☐☐

make a living (by)

생계를 유지하다, 먹고 살다
**to earn the money one needs to pay for
housing, food, etc.**

1. He made a living by working as a cook.
   (그는 요리사로 일하면서 생계를 유지했다.)

2. Can you really make a living by selling books?
   (너는 정말 책 팔아서 먹고살 수 있냐?)

3. When am I going to make a living?
   (나는 언제나 밥값을 할 수 있을까?)

4.

5.

64일부터 70일까지 끝내셨습니다. 반복연습 계속해오셨나요?
복습해봅시다! 다음 한글 표현에 맞게 영어문장을 떠올리고 소리튜닝하
여 발음해보세요!

DAY 64

① 그것이 가진 특징 중 하나는 기울기 센서였어요.
② 그 센서로 로봇이 바라보는 방향을 알았어요.
③ 그래서 이것을 거꾸로 들면,
④ 로봇은 울기 시작할 거예요.

DAY 65

① 저는 교육에 관심을 갖고 있어요.
② 사실 제가 알게 된 점은,
③ 모든 사람이 교육에 관심을 갖고 있다는 거예요. 안 그래요?
④ 흥미로운 사실이죠.

DAY 66

① 하지만 저는 레몬이 들어간 물을 주문해요.
② 12불짜리 샤르도네 대신에.
③ 저는 메뉴 선택에도 신중해요.
④ 10원까지 머릿속에서 세고 있어요.

DAY 67

① 회의실에 있는 동료 임원들을 쳐다봤는데,

② 제가 보니까 다들 전화기를 들고 있고,

③ 노트북만 내려다보고 있어요.

④ 그들은 집중하고 있지 않아요.

DAY 68

① 여러분은 어떤 사람이 되고 싶으세요?

② 간단한 질문이죠.

③ 여러분은 알게 모르게,

④ 당신의 행동을 통해서 매일 이 질문에 답을 하고 있어요.

DAY 69

① 사람들은 계속 우리에게 말해요.

② 그래! 하지만 사람들은 여자들에 대한 영화를 보고 싶어 하지 않아.

③ 그러니까 아마 뭔가 다른 걸 만드는 걸 생각해야 할 거야.

④ 원래 다 그런 거야.

DAY 70

① 좋은 뜻에서 어떤 어른이 저에게 꿈을 물어봤어요.

② 자랑스럽게, 예술가라고 말했죠.

③ 아니, 그렇지 않아.

④ 예술가로선 먹고살기 힘들어.

영어를 공부하다 보면 단어를 공부할 때 제일 짜증나는 게 뭐죠?

'아니, 왜 한 단어에 이렇게 뜻이 많아!'

어떤 언어와 다른 어떤 언어를 일대일로 매칭시키는 것이 쉽지가 않은 일이에요. 사실 그렇게 할 수도 없죠. 언어마다 너무 다르니까요.

가장 좋은 방법은 하나의 기본 뜻을 기억해두고 펼쳐나가는 겁니다. 그 기본 뜻을 바탕으로 해서 여러 예문을 살펴보면서 그 자체를 표현으로 기억해놓는 게 훨씬 더 좋은 방법이죠.
그렇게 해서 점점 이 단어의 의미를, 뉘앙스를 파악하는 거예요. 매일 공부하면서 저널 쓰실 때도 그런 마음으로 하셨으면 좋겠어요.

물론 그런 방식으로 저널을 쓴다고 하지만, 그래도 '내가 이 표현은 정말 외우고 싶어!' 하실 수도 있어요. 그럴 때는 카드를 만드세요. 플래시 카드라고 하죠. 문장이나 표현, 단어를 외울 때 쉽게 외울 수 있는 방법 중 하나입니다. 실제로 영어 플래시 카드는 교육용으로 많이 나와 있어요. 손으로 쓰는 게 힘드시면 어플리케이션도 많습니다. 저널과 함께 플래시 카드도 함께 해주시면 좋아요.

My challenges bring me better opportunities.
나의 도전은 나에게 더 좋은 기회를 가져다준다.

영어가 귀에 꽂히는 기적의 5주 중첩 실행노트

매주 중첩 복습을 할 때마다 세 영역(쉐도잉 속도, 힘·리듬 조절, 한–영 훈련 숙련도)의 훈련 실행 정도를 스스로 체크해보세요. 얼마나 숙달되었는지, 더 필요한 연습은 무엇인지 등 꼼꼼하게 평가해봅시다.

ex)

Week 6	영역별 훈련 평가		
Date	쉐도잉 속도	힘·리듬 조절	한–영 훈련
5/13	끊어서 연습해보기	기능어 죽여서 말하자!	be obsessed with 예문으로 암기
5/20	Day 40 부족!	감정 담아서 말하는 연습	저녁 공부도 소홀하지 말자!
5/27	Day 36~37 연습 필요	음소단위 차이 구분할 것	Day 42 연습 필요
6/3	영상과 동시에 말할 수 있게 됨	Day 37 뭉개지지 않게 연습	단순 암기를 넘어 리듬·속도까지 잡자!
6/10	속도는 확실히 좋아졌다!	Day 41 연습 필요	리듬 신경써서 뱉는 연습

Week 6	영역별 훈련 평가		
Date	쉐도잉 속도	힘·리듬 조절	한–영 훈련
/			
/			
/			
/			
/			

중점 훈련 확인 사항

- 복습할수록 입에서 영어 나오는 속도가 빨라졌는가?
- 농구공 튀기듯 힘 조절하며 발음하고 있는가?
- 한-영 훈련 단계에서도 리듬을 살려 훈련했는가?
- 쓰기는 꾸준히 실천하고 있는가?

Week 7	영역별 훈련 평가		
Date	쉐도잉 속도	힘 · 리듬 조절	한-영 훈련
/			
/			
/			
/			
/			

Week 8	영역별 훈련 평가		
Date	쉐도잉 속도	힘 · 리듬 조절	한-영 훈련
/			
/			
/			
/			
/			

Week 9	영역별 훈련 평가		
Date	쉐도잉 속도	힘 · 리듬 조절	한–영 훈련
/			
/			
/			
/			
/			

Week 10	영역별 훈련 평가		
Date	쉐도잉 속도	힘 · 리듬 조절	한–영 훈련
/			
/			
/			
/			
/			

CERTIFICATE OF COMPLETION

This certification is awarded to

In recognition of successfully completing the following training program:

**The 100 day Project of English Vocal Tuning
Stage 2 – Miracle of 5 Weeks**

갓주아

Date